"Aun cuando las 'interrupcion[...] os parezcan ilógicas, a menudo, él [...] todas las circunstancias: buenas, no muy buenas y malas. *Más cerca de Dios* nos desafía a ver esas interrupciones como invitaciones a caminar más cerca de él".

—Samuel Rodríguez, pastor principal de New Season Worship Center; autor del libro *Usted es el próximo*; y productor ejecutivo de la película *Breakthrough*

"Mediante ilustraciones creativas de los temas atemporales y sus aplicaciones actuales, mi colega y amigo Wayman Ming nos vuelve a instar a internarnos en las profundas simplicidades de la intimidad con 'Dios Padre'. Cada capítulo de *Más cerca de Dios* trata sobre un 'punto esencial' que creo que nuestro Señor está llamando a la iglesia a volver en estos tiempos desafiantes pero pertinentes. Oro para que tengamos oídos para escuchar".

—Rev. David R. Wells, M.A., D.D., superintendente general de Pentecostal Assemblies of Canada

"En su libro *Más cerca de Dios*, mi querido amigo Wayman Ming nos brinda exhortaciones acertadas instándonos a acercarnos a Dios en estos tiempos difíciles. Con ello aumenta nuestro interés por encontrarnos con Dios en medio de los desafíos, por lo que sé que ¡serás bendecido y fortalecido!".

—Obispo Robert Stearns, director ejecutivo de Eagles' Wings

"Me agrada mucho Wayman Ming, me encantan su humildad y su sinceridad. Aunque dirige una organización global, su persistente y transparente anhelo por más de Dios resplandece a través de su obra. Es un líder neotestamentario. Y es el tipo de escritor que quieres leer. Su libro es sencillo, directo, tejido de historias, atractivo. Cuanto más lejos te lleve su lectura, más profundo será el apasionado llamado a una relación transformadora".

—P. Douglas Small, presidente de Project Pray; coordinador internacional de Ministerios de Oración de la Iglesia de Dios

"El cautivador poder del amor de Dios atrae a todos los seres humanos. Jesús prometió que 'atraería a todos los hombres' al mostrar su amor cuando fue crucificado en el madero. Todos sentimos esa atracción sobrenatural por Dios, aunque muchas veces nos sentimos muy lejos de él. En *Más cerca de Dios*, Wayman Ming nos ayuda a cerrar esa brecha y a conectarnos con Dios en maneras novedosas. Desde cómo Dios nos escucha en el cielo hasta cómo lo escuchamos nosotros en la tierra, Ming desafía al lector a conocer verdaderamente a Dios, no solo a hablar de él. Este libro desafiará tu vida y serás bendecido en la medida en que aprendas a *acercarte*".

—Dr. William M. Wilson; presidente de la Universidad
Oral Roberts; presidente de Pentecostal World Fellowship;
vicepresidente global de Empowered 21

"Al conocer a Wayman Ming y haber trabajado con él por varios años, puedo escuchar su voz pastoral y sabia en esta obra. Todos tratamos de discernir la voz de Dios a través del caótico ruido de la política, las pandemias devastadoras y diversas formas que nos hacen aislar. Es fácil que el temor, el desánimo y la desesperanza se conviertan en las expresiones dominantes. Por dicha, Wayman nos ha dado una hoja de ruta, basada en la Palabra eterna de Dios, con señales de nuestra cultura contemporánea. Es un mapa de esperanza, paz, verdad y amor. ¡Disfruta del viaje mientras sigues el mapa!".

—Dr. Doug Beacham, superintendente general de
International Pentecostal Holiness Church

Más cerca de

DIOS

WAYMAN MING Jr.

Para vivir la Palabra

MANTÉNGANSE ALERTA;
PERMANEZCAN FIRMES EN LA FE;
SEAN VALIENTES Y FUERTES.
—1 CORINTIOS 16:13 (NVI)

Más cerca de Dios por Wayman Ming Jr.
Publicado por Casa Creación
Miami, Florida
www.casacreacion.com
©2021 Derechos reservados

ISBN: 978-1-955682-18-3
E-book ISBN: 978-1-955682-19-0

Desarrollo editorial: *Grupo Nivel Uno, Inc.*
Apatación de diseño interior y portada: *Grupo Nivel Uno, Inc.*

Publicado originalmente en inglés bajo el título:
   Nearer to God
   Publicado por Chosen Books una división de
   Baker Publishing Group, Grand Rapids, Michigan
   © 2021 por Wayman Ming Jr.
   Todos los derechos reservados.

Nota de la editorial: Aunque el autor hizo todo lo posible por proveer teléfonos y páginas
de internet correctos al momento de la publicación de este libro, ni la editorial ni el autor
se responsabilizan por errores o cambios que puedan surgir luego de haberse publicado.

Impreso en Colombia

21 22 23 24 25 LBS 9 8 7 6 5 4 3 2 1

A mi esposa, Kimberly, que es una mujer piadosa
y mi mayor motivadora.

A mis hijos, Spencer y Garrett, que incluso ahora ejercen
un impacto como hombres piadosos, que buscan hacer
una diferencia mundial.

A mi hija Grace, que es el regalo especial de Dios
para su papá y una luz en medio de la oscuridad.

Contentido

——— ⋏⋏ ———

Contenido

Prólogo

Todos tenemos amigos o personas a las que admiramos y con quienes deseamos ser más unidos. Personas que ocupan un lugar especial en nuestros corazones, por lo que pasar tiempo con ellas es un placer; sobre todo cuando nos extienden una invitación. Si es necesario, desharemos nuestros planes e itinerarios y reprogramaremos otras citas para dedicarles tiempo. Esa clase de solicitudes para estar en compañía de esas personas nos llena de alegría y emoción.

Lo mismo sucede con Dios. Le apasiona su relación contigo, por lo que ha abierto un camino para que te acerques a él. Tanto que hizo todo lo posible para restaurar lo que se perdió desde el principio. Y debido a la obra consumada de Cristo Jesús, podemos entrar con valor a su presencia, sin culpa, vergüenza ni condenación.

En las Escrituras encontramos numerosas invitaciones para acercarnos a Dios y buscarlo mientras pueda ser hallado. La extraordinaria invitación del Creador del universo no es solo a adorarlo desde lejos con palabras y rituales, sino a entrar en una relación tan significativa e íntima que conozcas su corazón como él conoce el tuyo.

En *Más cerca de Dios*, mi amigo Wayman Ming proporciona un mapa que te guiará al mayor anhelo del que busca al Señor: ¡La presencia de Dios! Esta travesía no es cuestión de kilómetros, sino de experiencia. Y mientras buscas su cercanía, te encontrarás pisando terreno sagrado. Si has estado anhelando una relación más profunda con Dios, me emociona mucho que tengas este libro en tus manos. La intimidad con Dios te espera; ahora es el momento de acercarte.

John Bevere,
ministro y autor superventas;
cofundador de Messenger International

Agradecimientos

Cuando los escritores producen sus obras, a veces se sienten como los lanzadores de tiros libres al final de un gran partido de baloncesto. Se acercan a la línea de tiro suponiendo que anotarán el punto, pero no tienen certeza de que lo lograrán. De alguna manera, los escritores creemos que nuestro libro se destacará, pero siempre hay un signo de interrogación al final de la oración. Si *Más cerca de Dios: Cierra la brecha con tu Creador* te impresiona en alguna manera, ciertamente habrá cumplido su propósito:

Al que puede hacer muchísimo más que todo lo que podamos imaginarnos o pedir, por el poder que obra eficazmente en nosotros, ¡a él sea la gloria en la iglesia y en Cristo Jesús por todas las generaciones, por los siglos de los siglos! Amén.

Efesios 3:20-21

Al final de una película, siempre hay una lista de créditos otorgados a las personas que están tras escenarios y que contribuyeron en el proceso de producción.

Quiero expresar un gran agradecimiento a las siguientes personas que me ayudaron a realizar el tiro libre al final del gran juego:

A mi esposa, Kimberly, que me anima todo el tiempo a vivir para la audiencia de Uno. (Siempre me has inspirado a levantarme y ser contado cueste lo que cueste).

A mi hijo Spencer, que es un sabio para su edad. (Tienes el potencial de estremecer naciones con tus palabras y tu pluma. Simplemente escucha la voz de Dios y obedécela. Gracias por creer en tu Coach de toda la vida).

A mi hijo Garrett, que tiene más talento en su dedo meñique que yo en todo mi cuerpo. (Sirve al Señor siempre con humildad y mantén un espíritu de enseñanza. Dios da gracia y bendice a los humildes. Te amo, Vazu).

A mi hija Grace, que es la niña de los ojos de su padre. (Eres mi chica favorita. Gracias por inspirarme).

A mi madre, Karen Ming Kliewer, que vive indirectamente a través de sus hijos, nietos y bisnietos. (Nunca comprenderás la gran inspiración que eres para todos nosotros. Has modelado la oración en nuestra familia y nos has inspirado a ser como tú cuando seamos adultos).

A mis hermanos, Jared y Brian Ming, que siempre están a mi lado. (Gracias por inspirarme a disfrutar la travesía).

A mi suegro y mi suegra, Doyle y Shirley Thomlison. (Siempre han sido un vaso de agua refrescante en una tierra seca y agotada. Gracias por amarme como hijo de ustedes).

1

Interrupciones en la vida cotidiana

La virgen concebirá y dará a luz un hijo, y lo llamarán Emanuel (que significa "Dios con nosotros").

Mateo 1:23

A principios de 2020, ¡las horribles consecuencias del COVID-19 afectaron *todo*! Muy pocos de nosotros imaginamos un bloqueo global. Ciertamente, incluso cuando se cerraron las oficinas, los comercios y se dieron órdenes de refugiarse en lugares cerrados, nadie en la comunidad de fe esperaba que las iglesias cerraran sus puertas. Sin embargo, eso fue lo que sucedió. Durante meses, permanecimos secuestrados en nuestros hogares sin posibilidad de participar en actividades eclesiales.

Cuando el mundo se detuvo, los cristianos de todas las edades y niveles de vida espiritual se enfrentaron a cómo habían fragmentado su fe. Los "cristianos ocasionales" se tomaron la temperatura espiritual y se dieron cuenta de que asistir a la iglesia el domingo —mientras vivían para sí mismos el lunes siguiente— nunca podría sostenerlos en medio de la crisis. Abrir la Biblia a veces y dejarla cerrada el resto del tiempo solo aumentaba su angustia espiritual. Incluso los "cristianos siempre presentes" reconocieron que participar en las actividades de la iglesia no era lo mismo que la devoción diaria a Dios. De hecho, para muchos de ellos, su intento de ser fieles manteniendo un itinerario lleno de eventos en la iglesia solo había impedido su búsqueda completa de Dios.

Puesto que Dios se preocupa compasivamente por los heridos, no deseo minimizar la tragedia de las circunstancias que rodean al COVID-19. Sin embargo, no puedo evitar preguntarme: ¿Qué pasa si Dios ocasionalmente permite desastres para interrumpir nuestra vida cotidiana y comienza un proceso de reforma con su pueblo? ¿Qué pasa si usa la tribulación en el mundo para recordarnos que la iglesia no es un edificio o un lugar, sino un *pueblo* que busca la persona y la presencia de Dios? Dicho simplemente, ¿qué pasa si Dios permite que las interrupciones divinas ayuden a cerrar la distancia entre su pueblo y él?

Mi propósito al escribir este libro no es necesariamente establecer una discusión analítica del "por qué" tras el desastre, por qué un Dios misericordioso permitiría una pandemia como el coronavirus o por qué un Dios bueno permitiría el dolor y el sufrimiento. De hecho, este libro no tiene que ver, en absoluto, con desastres. Al contrario, nacido de la pasión por acercarse más a Dios, se trata de cómo responder en tiempos de caos.

A lo largo de la historia, Dios ha interrumpido el transcurso de la vida normal con llamadas de atención, comenzando con Adán y Eva, cuando interrumpió su juego de "escondite" entre los arbustos. En el tiempo de Noé, "Dios observó toda la corrupción que había en el mundo, porque todos en la tierra eran corruptos" (Génesis 6:12 NTV) y decidió intervenir con un diluvio. Para Moisés, la interrupción divina llegó a través de una zarza ardiente. El esfuerzo de Abraham por sacrificar a su hijo fue interrumpido por un carnero en la espesura. A lo largo de la era de los reyes y profetas, la cultura y la conquista fueron interrumpidas por señales sobrenaturales y maravillas milagrosas. Luego, después de cuatrocientos años de silencio durante el período intertestamental, surgió la interrupción definitiva:

> La virgen concebirá y dará a luz un hijo, y lo llamarán Emanuel (que significa "Dios con nosotros").
>
> Mateo 1:23 (Ver también Gálatas 4:4-5).

La humanidad fue testigo del ejemplo más extraño de cómo Dios acortó la distancia: la venida de Emanuel, que significa "Dios está con nosotros".

A partir de ese momento, la invitación a una relación personal con Dios ha sido la principal misión de Dios en la tierra. Para algunos, como los discípulos, Jesús simplemente aparece y los invita a dejar todo atrás y seguirlo. A otros, como Saulo —que más tarde se convertiría en Pablo—, lo arroja abruptamente de su caballo al suelo y lo insta a un cambio radical de propósito. Aunque Pablo es un ejemplo de alguien que respondió a Dios con un sí, muchos otros, como el joven rico, optan por alejarse de él. Cualquiera sea el caso, Dios tiene una razón para interrumpir la normalidad de la vida.

Al considerar el siglo veintiuno, creo que Dios está usando circunstancias caóticas, ya sean provocadas por el hombre (como el 11 de septiembre) o inducidas de manera natural (como el coronavirus o el huracán Katrina), a modo de oportunidades para que todos nos acerquemos a él. Para cerrar la brecha entre Dios y nosotros debemos atravesar una calle de doble vía: la interrupción inicial le pertenece a él, mientras que la respuesta nos pertenece a nosotros. Como declara la Escritura, aquellos que no conocen a Dios pueden buscarlo y encontrarlo si lo buscan con todo su corazón (ver Jeremías 29:13).

Incluso aquellos que ya lo conocen deben participar en la búsqueda. Los pastores y los líderes de la iglesia deben buscarlo diligentemente. Las organizaciones y denominaciones cristianas deben embarcarse deliberadamente en su búsqueda. Dios está ansioso y dispuesto a cerrar la distancia con nosotros si estamos dispuestos a cerrar la nuestra con él.

Cierta vez, mi familia tuvo una venta de artículos usados en nuestra casa y uno de los que vendimos fue un juego LEGO de mis hijos. Como niños en edad preescolar, mis hijos construían grandes creaciones que no tenían forma reconocible. Solo después que papá se sentaba, comenzaba a desarmar las piezas y volvía a unirlas, estas cobraban la forma de una arquitectura definida. Mientras lees las páginas de *Más cerca de Dios: Cierra la brecha con tu Creador*, puede que nuestro Papá —en el cielo— comience a desarmar las piezas de tu vida y las vuelva a unir de una manera que te ayude a comprender por qué tu vida cotidiana ha sido interrumpida y cómo comenzar una cooperación sagrada que cierre la distancia entre él y tú.

REFLEXIÓN personal

A través de la historia, Dios ha intervenido en la vida cotidiana con llamados de atención para cerrar la distancia con la humanidad. A menudo, los peores momentos pueden convertirse en los mejores y servir como instantes de inspiración, sobre todo cuando nuestra atención se dirige a Dios. Así que permite que esta premisa te lance a una nueva travesía para cerrar la brecha entre tu Creador y tú. Medita en las siguientes preguntas.

1. Al reflexionar en el pasado, ¿puedes recordar algunos acontecimientos específicos que parecen haber sido interrupciones divinas en tu vida normal, diseñados para llamar tu atención?
2. ¿Cómo te atrajeron a Dios esos sucesos o cómo impidieron que te acercaras más a él?
3. ¿Cómo te atraen o te alejan los acontecimientos actuales en lo que respecta a Dios?
4. Reflexiona sobre la noción de que cerrar la distancia con Dios es, en realidad, una calle de doble vía en la que la interrupción inicial le pertenece a él, mientras que a ti te corresponde dar una respuesta duradera.
5. ¿Estás dispuesto a buscar a Dios y responderle?

ORACIÓN personal

Padre celestial, hoy quiero iniciar una travesía para acercarme más a ti. Ya no quiero conformarme con donde he estado ni incluso donde estoy ahora. Quiero ir a un punto, en mi relación contigo, en el que nunca he estado. Quiero que interrumpas mi "vida rutinaria" y acortes la distancia entre nosotros. Quiero que las circunstancias de la vida me lleven a ti y no me alejen. Gracias por iniciar la relación. Ahora ayúdame a participar en una respuesta duradera. En el nombre de tu Hijo, Jesús, amén.

RETO colectivo

Aunque nuestra travesía hacia Dios es extremadamente personal, a menudo hallamos inspiración en aquellos que recorren el mismo camino. Permite que tus reflexiones en cuanto a tu propia búsqueda animen a otros a emprender la suya. A continuación, tenemos algunas indicaciones:

1. Al reflexionar en tu disposición de acercarte más a Dios, ¿qué les dirías a aquellos que están considerando tomar la misma decisión?
2. En algún momento, las personas decidirán permitir sus circunstancias caóticas, ya sean provocadas por el hombre o inducidas naturalmente, o sea para atraerlas hacia Dios o para alejarlas de él. Discutan esta noción en grupo.
3. Reflexiona en cuanto a que cerrar la distancia con Dios es realmente una calle de doble vía: la interrupción inicial le pertenece a él, mientras que la respuesta duradera nos pertenece a nosotros.
4. Discute sobre los eventos específicos del pasado que ahora sabes que han apuntado a una interrupción divina en "la vida normal" para llamar tu atención.
5. Al final de este capítulo, lee la siguiente declaración: "Solo después que papá se sentó, comenzó a desarmar las piezas y volvió a unirlas, tomó forma una pieza de arquitectura definida". Como grupo, discutan el significado de esto.

2

Encuentra al Padrino

"Yo sé los planes que tengo para ustedes —dice el Señor—. Son planes para lo bueno y no para lo malo, para darles un futuro y una esperanza".

Jeremías 29:11

La serie fílmica *El Padrino* sigue siendo uno de los clásicos cinematográficos más conocidos en la historia de Estados Unidos. Inicialmente, nos presentan a "Don" Vito Corleone, que es la cabeza (el padrino) de la familia mafiosa Corleone en la ciudad de Nueva York. A través de los giros y vueltas de la serie, el infame papel del "Don" y el control total del imperio clandestino se transfiere a su hijo menor, Michael Corleone. En una de las tramas más convincentes de la tercera película de la trilogía *El Padrino*, Michael le pregunta a Kay, el amor de su vida: "¿Todavía me temes, Kay?". Ella le responde: "No te temo, Michael. Te tengo pavor".[1]

Aunque el asesinato y la actividad criminal se presentan como una forma de vida, surge un tema central: el padrino asume el control total y dirige cada evento caótico que ocurre. Ahora bien, ningún jefe criminal de Nueva York puede compararse con la majestuosidad y pureza moral del "Padrino" del cielo. Sin embargo, cuando la gente está luchando contra la ansiedad, el caos, el dolor y la devastación, algunos dan el salto para establecer paralelismos entre los dos. En tales circunstancias que alteran la vida, no es raro que el Padrino del cielo sea acusado de actuar como un matón malvado, culpado por cada fechoría cometida en el mundo como si se pareciera al Don de Nueva York.

Los planes de Dios para nuestro bien

El miedo y el pánico, durante tiempos de crisis, son a menudo términos asociados a Dios, ya que se le culpa por cualquier desastre que decepcione a las masas en ese momento. Sin embargo, a medida que comenzamos a conocer al Padrino, empezamos a reconocer su verdadera naturaleza y aprendemos a cambiar nuestra desconfianza por su amor y nuestro temor por su paz. Comenzamos a experimentar la realidad de la que habla la Escritura: "Y nosotros hemos llegado a saber y creer que Dios nos ama. Dios es amor. El que permanece en amor, permanece en Dios, y Dios en él" (1 Juan 4:16).

De hecho, cuando nuestros corazones se rompen por las preocupaciones de la vida, Dios decide acercarse aun más. Como declara el salmista: "El Señor está cerca de los quebrantados de corazón , y salva a los de espíritu abatido" (Salmos 34:18). En esencia, Dios usará esos momentos de la vida con el corazón quebrantado y aplastado para ayudarnos a saber quién es él realmente.

Uno de esos momentos ocurrió en el Antiguo Testamento cuando el rey Nabucodonosor invadió Jerusalén. No envió aviones al World Trade Center de ellos ni liberó un virus mortal para destruir a los inocentes, pero sí invadió hogares, masacró niños y destruyó por la fuerza la forma de vida de ese pueblo. Cuando Jerusalén quedó reducida a escombros, sus habitantes presenciaron el funeral de una ciudad. Sin duda, estaban desanimados y angustiados. Todo el libro de Lamentaciones fue escrito debido a esa devastación y, sin embargo, en medio de aquel caos, Dios presentó la voz profética de Jeremías: "Yo sé muy bien los planes que tengo para ustedes —afirma el Señor—, planes de bienestar y no de calamidad, a fin de darles un futuro y una esperanza" (Jeremías 29:11).

Dios, por dicha, fortaleció la fe de su pueblo en medio de sus terribles circunstancias, lo que continúa haciendo hoy exactamente igual. Ya sea que consideremos la destrucción de las Torres Gemelas del World Trade Center, el 11 de septiembre de 2001, o miremos hacia un mundo posterior al COVID-19, podemos ver cómo Dios elige mostrarse e inspirar a su pueblo con sus planes y propósitos para sus vidas.

En 2011, uno de los fenómenos meteorológicos más mortíferos de la historia moderna, un tornado de vórtices múltiples con clasificación *EF5*, devastó la ciudad donde yo vivía: Joplin, Missouri. Innumerables personas se vieron afectadas por ese acontecimiento catastrófico, ya que 158 individuos perdieron la vida, más de mil resultaron heridos y sus propiedades sufrieron daños por más de 2.800 millones de dólares.[2] Las historias de tragedias humanas agravadas fueron generalizadas: una amiga me contó sobre su vecina, que se quemó desde el pecho para abajo cuando un calentador de agua le cayó encima mientras intentaba protegerse en su bañera. En el marco de casi veinte kilómetros, la ciudad de Joplin parecía una zona de guerra. Durante meses después, nuestra comunidad de fe entregó alimentos y suministros a las familias. Una era la de una madre soltera que lo había perdido todo excepto a sus dos bebés (un niño tenía solo una semana de nacido y el otro año y medio). Pero, ¿cómo podríamos abordar las necesidades espirituales y emocionales?

Cuando el terrorismo, las plagas y los desastres surgen, todo tipo de preguntas inundan nuestras mentes, por ejemplo: "¿Cómo pudo suceder esto?". "¿Se preocupa Dios realmente por nosotros?". "Si Dios es un Padre tan amoroso, ¿dónde está en medio de todo esto?". C. S. Lewis escribió una vez: "Dios nos susurra en nuestros placeres, habla a nuestra conciencia, pero nos grita en nuestros dolores: ese es su megáfono para despertar a un mundo sordo".[3] La verdad es que nuestro Dios opta por abrazarnos en medio del sufrimiento, por lo que nos recuerda que sus planes siguen siendo buenos.

Es más fácil presentar un argumento poderoso a favor de la soberanía del Padrino, la idea de que él tiene el control absoluto, cuando todo lo que nos rodea está limpio y ordenado, pero ¿qué pasa cuando las cosas están en un caos absoluto? ¿Cómo nos las arreglamos cuando nuestro mundo está patas arriba?

La teología de la preocupación

"La soberanía de Dios" suena bien en un sermón dominical o en una clase bíblica, pero ¿qué sucede cuando una niña de doce años entra a un refugio con la mandíbula rota y la cara hinchada, después de haber visto a su madre aplastada por un tornado? ¿Qué se supone que debes pensar cuando pierdes a tu padre o a tu madre debido a un virus mortal que comenzó en algún lugar del otro lado del mundo? Sí, puedes decir o creer que Dios todavía tiene el control pero, ¿dónde está la evidencia?

A la luz de tales circunstancias, Dios puede sentirse distante o incluso ausente, por lo que es fácil que nuestros pensamientos y creencias lleguen a la conclusión de que él debe estar despreocupado o hasta desinteresado. Algunos incluso afirman que Dios creó el mundo y lo puso en movimiento, estableciendo así las leyes morales, naturales y espirituales que lo gobiernan; pero una vez que terminó ese trabajo, decidió mirar pasivamente desde las orillas, sin preocuparse por los detalles de la vida humana. Para aquellos que adoptan esta creencia deísta, Dios permanece completamente trascendente y nunca inmanente.

Por desdicha, la "teología de la preocupación" no encaja con la continua invitación de Dios a construir una relación personal con él. Si Dios está tan alejado de las luchas diarias de la humanidad, ¿por qué molestarse en orarle? ¿Por qué debemos buscarlo o elegir seguirlo si no tenemos acceso real a él?

En realidad, cuanto más nos acercamos a Dios, más sabemos que no se ha retirado del caos de la humanidad ni nos ha abandonado en el umbral de la vida para que nos las arreglemos por nosotros mismos. Dios no está allá arriba en medio del coro celestial cantando "Qué será será".[4] Todo lo contrario, Dios siempre responde con las palabras vivificantes que expresó a través del profeta: "Yo sé muy bien los planes que tengo para ustedes, planes de bienestar y no de calamidad".

La teología del titiritero

Aunque algunos creen que Dios permanece despreocupado o desinteresado, otros respaldan lo opuesto: piensan que es un tipo de "Maestro titiritero" que mueve los hilos de nuestras vidas en la manera que se le antoje. Esta ideología sugiere que nada en la vida sucede sin la participación directa de Dios y que él trata de controlar todas nuestras decisiones, como por ejemplo: si usar o no una gorra de béisbol o exprimir la pasta de dientes en el medio del tubo o determinar cada triunfo o derrota de los partidos de fútbol del equipo de la escuela secundaria. Esta cosmovisión idealista en la que Dios coacciona a la humanidad a acatar sus caprichosos antojos implica, a su vez, que él asuma la plena responsabilidad de cada desastre y acontecimiento que altere el curso de la historia. Lo paradójico es que este tipo de teología brinda a las personas un mundo en el que no solo no tienen culpa de nada, sino que además penden como marionetas de unos hilos imaginarios.

Esa clase de creencias genera más tensión que resolución porque no ofrece una explicación satisfactoria de los efectos de las malas decisiones. Si Dios está involucrado en *cada* decisión, ¿por qué no nos impide que cometamos errores o no nos impide pecar contra él o contra los demás? ¿Por qué no impide que los aviones se estrellen contra las torres o que los virus maten a personas inocentes? ¿Por qué no evita que le sucedan cosas malas a la gente buena?

Aun cuando la "teología de la preocupación" no fomenta el desarrollo de una relación personal con Dios, la "teología del titiritero" tampoco promueve el desarrollo de un libre albedrío moral. Aunque Dios es soberano y ejerce cierta medida de control y poder sobre el mundo, deberíamos estar agradecidos por existir como algo más que marionetas manipuladas por unos hilos. Debido a la profundidad de su amor y su deseo de que crezcamos en su virtud, él nos permite considerar opciones y tomar decisiones, ya sean buenas o malas. Dios no elige tu gorra de béisbol; eres tú el que lo haces. Dios no decide en qué parte del tubo de pasta dental debes apretar; eres tú el que lo haces. Y Dios no determina quién gana o pierde el partido de fútbol; son los jugadores los que lo hacen. Ya sea que el mundo parezca estar al revés o no, Dios sigue siendo bueno y nos permite existir con un libre albedrío moral.

Quizás necesitemos un titular más creíble, algo como: "Dios crea el cerebro humano para que se use". ¿Por qué crearía Dios la mente humana, con toda su singularidad y complejidad, si tuviera la intención de tomar todas las decisiones por nosotros? Sabemos que los padres que toman todas las decisiones por sus hijos y nunca les permiten actuar por su cuenta, los condenan inevitablemente a una vida de inmadurez y fracaso. Por tanto, debemos alegrarnos de que el Padrino siga comprometido con nuestra madurez y nuestro éxito, y que nos permita atravesar una experiencia humana plena que incluya tanto el triunfo como la derrota. Cualquier otro plan para la vida humana no proporcionaría las condiciones necesarias para el crecimiento saludable y un buen futuro.

Los planes de Dios para nuestro futuro

El hecho es que la ciudad de Jerusalén ya había perdido su futuro mucho antes de que ocurriera la invasión de Nabucodonosor. Uno podría pensar que los hijos de Israel perdieron de vista su futuro solo después de la invasión, pero el registro en el libro de Lamentaciones revela lo contrario:

> "Se deshonró a sí misma con inmoralidad *y no pensó en su futuro*. Ahora yace en una zanja y no hay nadie que la saque. 'SEÑOR, mira mi sufrimiento—gime—. El enemigo ha triunfado'".
>
> Lamentaciones 1:9 NTV, énfasis añadido

¿Con qué frecuencia hacemos lo mismo, culpando a Dios por un futuro al que ya nos hemos rendido? ¿Por qué tendemos a atribuirle el problema a Dios cuando las decisiones humanas fallan?

Mi esposa y yo solíamos ver el programa televisivo *Chicago Fire* aunque, como la mayoría de las series, no necesariamente presentaba una imagen bíblica precisa de la naturaleza de Dios. En un episodio, un helicóptero se estrelló contra un área residencial, inmovilizando a una pobre mujer debajo de una propela de la hélice. El bombero que respondió a la llamada de emergencia declaró lo siguiente: "Fue como si la mano de Dios dejara caer esa hélice sobre esta mujer".

Es obvio que Dios no arroja hélices sobre las personas y, más aún, Dios no daña ni perjudica a las personas. Es importante notar que Dios no administra las palizas que recibimos en la vida, en absoluto. El propio Jesús declaró: "*El propósito del ladrón* [Satán] *es robar y matar y destruir*; mi propósito es darles una vida plena y abundante" (Juan 10:10 NTV, énfasis añadido). A veces olvidamos que es el enemigo de nuestra alma el que intenta devastar y destruir al mundo.

Este término *robar* proviene de la palabra griega *clepto*, que es la raíz del vocablo *cleptomanía*. Un cleptómano es alguien que se apropia de las cosas impulsivamente, sin una razón; robar es un elemento propio de la naturaleza de un cleptómano. El punto es este: dado que las Escrituras describen efectivamente a Satanás como cleptómano, tenemos que reconocer que él —por naturaleza— no tiene ni una pizca de moral. Nos roba sin remordimiento ni conciencia.

Además, Satanás es un asesino, y sabemos que la palabra matar significa "masacrar" o "cortar en pedacitos". Satanás tiene la intención no solo de lastimar a las personas, sino también de aniquilarlas. Las Escrituras nos dicen que el propósito de Satanás incluye nuestra destrucción. Satanás quiere vernos arruinados. Está obsesionado con el objetivo de dejarnos inutilizables. Quiere destruirnos al punto que ya no seamos beneficiosos ni productivos para nosotros ni para nadie más.

Por dicha, la película que Dios dirige no termina aquí. Los malos finales pueden funcionar ocasionalmente para el celuloide, la ficción o los cuentos de hadas, pero no operan para los verdaderos creyentes. Los cristianos somos personas reales con problemas reales que seguimos a un Dios real, uno que escribe finales realmente buenos. Es posible que nuestras vidas no siempre tengan un "felices para siempre", pero con Dios siempre hay algo bueno esperando a la vuelta de la esquina.

Satanás puede continuar intentando empujar al mundo hacia la oscuridad total, pero la iglesia está en el camino y ella no opera a la defensiva sino, más bien, a la ofensiva. De hecho, la iglesia no debería pasar demasiado tiempo tratando de detener la invasión del infierno. Al contrario, el infierno debería intentar detener a la iglesia. ¿Quién detiene a quién? Depende de nuestro estado de alistamiento. En otras palabras, si el infierno nos detiene, entonces no estamos luchando en el ejército del Señor ni construyendo lo que él está construyendo. Recuerda que Jesús dijo: "Ahora te digo que tú eres Pedro (que significa 'roca'), y sobre esta roca edificaré mi iglesia, y *el poder de la muerte no la conquistará*" (ver Mateo 16:18 NTV).

En la primera profecía de la Biblia, Dios declaró que Satanás podría herirle el talón a la mujer pero que, en el proceso, quedaría con la cabeza aplastada (ver Génesis 3:15). Cuando la iglesia se acerca a Dios, deja de funcionar como cabeza aplastada y comienza a jugar el papel de talón aporreado. Es posible que experimentemos algunos hematomas en el trayecto, pero seguimos siendo nosotros los que aplastamos. Todavía estamos en el mejor lado de la promesa de Jesús: "*El propósito del ladrón* [Satanás] *es robar, matar y destruir*; mi propósito es darles una vida rica y satisfactoria" (Juan 10:10 NTV).

Me pregunto con qué frecuencia enfatizamos la primera parte de ese versículo y descuidamos la segunda mitad. Sobre todo cuando comienzan a suceder cosas malas, Dios parece recibir solo la publicidad negativa, aun cuando la elección humana o el compromiso malvado siguen siendo parte de la ecuación. Cuando un helicóptero se estrella, ¿a quién culparemos, a Dios, al piloto o a un error mecánico? Si a alguien le embargan el automóvil, ¿tiene Dios la culpa por no haber pagado las cuotas del auto? ¿Cómo se puede atribuir a la luz la presencia oscura de un mal siniestro?

Jesús realmente aborda esto como un presentador de noticias: proporciona una cobertura noticiosa precisa de dos desastres comunitarios. El primero involucró a Pilato y a los galileos. Galilea era la región natal de un grupo de fanáticos dedicados al derrocamiento del gobierno romano. Cuando Pilato, el gobernador romano, se enteró de su plan, instigó un ataque preventivo para matar a los galileos mientras ofrecían sus sacrificios en el templo. Muchos judíos creían que cuando ocurrían acontecimientos terribles, las consecuencias eran merecidas: el principio del ojo por ojo y diente por diente. En otras palabras, los galileos merecían morir porque eran culpables de conspirar contra Roma, y debieron haber sido peores pecadores que otros ciudadanos. Jesús desacredita esa idea, comentando: "¿Piensan ustedes que esos galileos, por haber sufrido así, eran más pecadores que todos los demás? ¡Les digo que no! De la misma manera, todos ustedes perecerán, a menos que se arrepientan" (Lucas 13:2-3). Imagínate los jadeos de la multitud cuando Jesús refutó lo que ellos entendían. Él cambió el paradigma de ellos: las cosas malas no les suceden solo a los peores pecadores. Suceden debido a la existencia del pecado.

En pocas palabras, el problema es el pecado. Vivimos en un mundo imperfecto lleno de personas imperfectas que están involucradas en situaciones imperfectas. Todos los días ocurren tragedias horribles y desgarradoras. Una esposa recibe un golpe de su esposo y queda con un ojo morado. Un niño es atropellado y asesinado por un conductor ebrio. Un hombre inocente recibe cadena perpetua. Tales situaciones pueden hacer que nos indignemos con la injusticia, pero no debemos culpar a Dios. No es él quien lanzó el puñetazo, condujo el vehículo en estado de ebriedad ni cometió el delito. La gente toma decisiones horribles que afectan a los demás porque el mal es real. Si creemos que Dios siempre está lanzando hélices sobre la humanidad, olvidaremos que su propósito con nosotros no es el desastre y la destrucción, sino un futuro prometedor.

En la segunda historia "noticiosa" de Lucas 13, Jesús cambia el enfoque de las acciones humanas pecaminosas a un desastre natural. Una famosa torre de Jerusalén había colapsado y se había derrumbado, aplastando a dieciocho personas que murieron. A diferencia del primer informe de noticias, en el que las personas fueron masacradas por un acto de agresión humana, el segundo informe habló de una tragedia en la que las personas murieron simplemente por estar en el lugar equivocado en el momento equivocado.

> "¿O piensan que aquellos dieciocho que fueron aplastados por la torre de Siloé eran más culpables que todos los demás habitantes de Jerusalén? ¡Les digo que no! De la misma manera, todos ustedes perecerán, a menos que se arrepientan".
>
> Lucas 13:4-5

Un tornado, un huracán o un terremoto devasta una ciudad o nación. Un virus mortal afecta la vida de incontables millones. ¿Te suena eso familiar?

Cuando el huracán Katrina azotó Nueva Orleans, Luisiana en 2005, dos mil personas murieron y más de un millón de personas fueron desplazadas de sus hogares.[5] Es triste decirlo, pero algunas personas declararon: "La ciudad de Nueva Orleans está recibiendo lo que se merece: juicio de Dios sobre una ciudad malvada". Luego dieron una retahíla de ejemplos bíblicos para justificar cómo usa Dios, aparentemente, los desastres naturales para juzgar el pecado, como el diluvio mundial, las diez plagas de Egipto y la destrucción de Sodoma y Gomorra.

Curiosamente, esas mismas personas omitieron mencionar que los justos en realidad fueron salvos en cada uno de esos ejemplos.

Noé y su familia se salvaron en el arca. Los hijos de Israel se alejaron de los lazos de la esclavitud y Lot con sus hijas escaparon sin siquiera oler a humo.

Aquellos de nosotros que encontramos al Padrino reconocemos que él no está derribando torres sobre personas ni enviando huracanes para juzgar a los peores pecadores entre nosotros. En realidad, siempre busca hacer lo contrario. Es un Padre amoroso que tiene buenos planes para nuestro futuro y nuestra esperanza.

Los planes de Dios para nuestra esperanza

Es interesante notar que Jeremías insertó la palabra *futuro* antes que *esperanza*. Quizás sea porque nuestro futuro inspira nuestra esperanza. Cuando somos capaces de ver algo, podemos concebir algo. Cuando podemos ver un futuro, podemos concebir una esperanza.

Sin embargo, la esperanza tiende a ser esquiva, sobre todo cuando las circunstancias de la vida siguen siendo difíciles. ¿Dónde estaba la esperanza cuando los sacerdotes, los profetas y los ciudadanos de Jerusalén fueron secuestrados de sus hogares y llevados a otra nación durante la invasión de Nabucodonosor? En su dispersión y su exilio, el pueblo judío no tuvo que soportar solo unas pocas semanas de dolor y tristeza; tuvieron que soportar setenta años devastadores como cautivos en una tierra extraña.

En medio del sufrimiento, la gente tiende a perder la esperanza. Su esperanza se ve defraudada y esa evolución genera una enfermedad que no puede remediarse fácilmente. El escritor de Proverbios abordó la situación diciendo: "La esperanza postergada aflige al corazón, pero un sueño cumplido es un árbol de vida" (Proverbios 13:12 NTV).

Observa que la esperanza diferida produce dolor de corazón. En otras palabras, la esperanza perdida da como resultado pérdida de salud. Permíteme reiterar lo obvio: las personas esperanzadas son personas sanas. Poseer esperanza, una "expectativa interna con respecto a un futuro mejor", crea un movimiento positivo hacia un destino deseado. Es un elemento completamente transformador. No es de extrañar que Dios conecte nuestro futuro con nuestra esperanza.

Incluso la fe depende de nuestra disposición a participar en la esperanza: "La fe demuestra la realidad de lo que esperamos; es la evidencia de las cosas que no podemos ver" (Hebreos 11:1 NTV). Es decir, la sustancia invisible de Dios se revela a través de la expectativa de nuestra esperanza. Una de las mejores armas disponibles para ayudarnos a superar el caos de la vida sigue siendo la esperanza, nuestra esperanza en Dios. El salmista David sabía eso. Por lo que escribió: "¿Por qué voy a inquietarme? ¿Por qué me voy a

angustiar? En Dios pondré mi esperanza y todavía lo ala-
baré. ¡Él es mi Salvador y mi Dios! Me siento sumamente
angustiado; por eso, mi Dios, pienso en ti desde la tierra
del Jordán, desde las alturas del Hermón, desde el monte
Mizar" (Salmos 42:5-6).

Sin duda, debemos poner nuestra esperanza no en nosotros mismos ni en los demás, sino ¡en Dios! Podemos hacer
todo lo posible para superar nuestro desánimo mediante
el esfuerzo humano, pero nunca podremos salvarnos a
nosotros mismos. Quedará un agujero en nuestra alma.
Un cónyuge o un familiar que ora no podrá librarnos. Los
entrenadores y los proveedores de atención no pueden
brindar la máxima curación. Siempre que una crisis o cualquier tragedia terrible aparece en la pantalla de nuestras
vidas, nuestra esperanza debe estar puesta en Dios.

Si no ponemos nuestra esperanza en Dios, nos enoja-
remos y nos amargaremos, como el pueblo judío durante el cautiverio babilónico. Refunfuñaremos: "¿Por qué
el gobierno no está preparado? ¿Por qué nuestras agen-
cias gubernamentales no responden? ¿Dónde está Dios en
medio de esto?". Sin embargo, la verdad permanece: Dios
no está ausente. A pesar de nuestros sentimientos, en ese
momento de desesperación, él está más cerca que nunca. Él
no quiere usar nuestras dificultades para detener nuestra
esperanza, sino más bien para reforzarla.

Si mi hijo pequeño va caminando a mi lado, se tropieza
y cae, ¿es culpa mía? Obviamente no. Pero aunque no fui
yo el causante de su caída, lo levantaré rápido y lo sosten-
dré hasta que deje de llorar. De la misma manera, habrá
ocasiones en las que caminarás junto a tu Padrino celestial
e inesperadamente tropezarás y caerás. ¿Será culpa suya tu
caída? Por supuesto que no. Pero su respuesta siempre será

la misma. Él se inclinará y te levantará hasta que dejes de llorar, y mientras te consuela, te recordará:

"Nunca te dejaré; jamás te abandonaré".

Hebreos 13:5

"Yo les he dicho estas cosas para que en mí hallen paz. En este mundo afrontarán aflicciones, pero ¡anímense! Yo he vencido al mundo".

Juan 16:33

"Vengan a mí todos ustedes que están cansados y agobiados, y yo les daré descanso".

Mateo 11:28

Cuando encontremos genuinamente al Padrino, seremos capaces de cambiar nuestro dolor por su presencia. El dolor es una palabra pequeña con un fuerte agarre, pero su amor es más grande. Lo *encontraremos* a él; reconoceremos que siempre está con nosotros. Siempre nos proporcionará paz en medio de nuestros dolores y descanso a pesar de nuestras pesadas cargas.

En la trilogía *El padrino*, la cita más conocida es en realidad pronunciada por Vito y Michael Corleone durante sus respectivos tiempos de liderazgo: "Le haré una oferta que él no podrá rechazar".[6] Por supuesto, el imperio Corleone había acumulado tanta riqueza y poder —a veces expresado con un arma en la cabeza— que una oferta nunca era rechazada fácilmente. Por dicha, el Padrino del cielo no hace ofertas tan vagas ni amenazantes. Sus ofertas son siempre para nuestro bien, nuestro futuro y nuestra esperanza. ¡Realmente esas son ofertas que no podemos rechazar!

RETO personal

Cuanto más encuentres al verdadero Padrino, más conocerás sus planes para tu vida. La relación *con* él resulta en revelación *de* él. Observa la secuencia apropiada: Encontrar a Dios resulta en conocer sus planes. ¿Con qué frecuencia menospreciamos sus planes porque buscamos conocerlos más que al Dador de ellos?

En una impresionante profesión de fe, el apóstol Pablo declaró: "Mi Dios les proveerá de todo lo que necesiten, conforme a las gloriosas riquezas que tiene en Cristo Jesús" (Filipenses 4:19). Pablo expresó enfáticamente la naturaleza personal de su relación con su Padre Dios: "*Mi* Dios". En esencia, la conexión personal de Pablo con Dios le proporcionó todo lo que necesitaba, pero eso no es todo, Dios hará lo mismo por ti y por mí.

Cuando tu misión está clara, tu respuesta es simple. Así que aquí está tu misión: Decídete definitivamente a encontrar a Dios. Cuando lo persigas con pasión, no tendrás que preocuparte por cómo descubrir sus buenos planes para tu vida. Encontrar y conocer al Padrino encarnará tu futuro con esperanza.

REFLEXIÓN personal

A pesar e incluso por medio de circunstancias espantosas, Dios tiene la intención de construir una relación con cada uno de su pueblo. Aun en los peores momentos, como el del ataque y derrumbe del World Trade Center en 2001 o el del surgimiento mortal del COVID-19 en 2020 hasta esta fecha, Dios decide aparecer. Cuando su pueblo se vuelve a él, puede inspirarse mientras él presenta sus planes y propósitos para sus vidas. Permite que las lecciones que hayas aprendido en este capítulo te motiven a evaluar tu propia relación con tu Padrino celestial.

1. En algún momento, la mayoría de nosotros nos encontramos cara a cara con la identidad y la naturaleza del Padrino. ¿Cómo te relacionas con esto? ¿Cuáles son tus reflexiones?
2. Las tragedias pasadas pueden haberte hecho perder la esperanza en Dios, en los demás y en ti mismo. ¿Qué tragedias específicas del pasado pueden haber hecho que culparas a Dios, a los demás o a ti mismo?
3. Echa un vistazo a tu propio corazón. ¿Ves signos de "esperanza diferida"? Si es así, ¿qué aspecto tienen?
4. Por otro lado, ¿ves señales de los planes de Dios para tu bien, tu futuro y tu esperanza? Si es así, ¿cuáles crees que son?
5. ¿Estás dispuesto a abrir tu corazón al Padrino para que puedas buscarlo como nunca? ¿Qué áreas de tu corazón podrían estar impidiéndote hacerlo?

ORACION personal

Padre celestial, estoy orando para encontrar y conocer al verdadero Padrino. Perdóname por culparte de los desastres creados por las decisiones de otros o por la destructividad del enemigo. Reconozco que estás aquí por mi bien, mi futuro y mi esperanza. Intencionalmente pongo mi esperanza en ti para que no sea la "esperanza diferida" la que me enferme el corazón. Espero que se convierta en una auténtica esperanza que me inspire a conocerte. Quiero tener una relación sana contigo como mi Padrino. Amén.

RETO colectivo

El pueblo judío de la dispersión terminó viviendo una pesa-dilla en una tierra extraña. Aunque lo perdieron todo, Dios apareció y les declaró sus planes para su bien, su futuro y su esperanza. Permite que tus reflexiones sobre la respuesta de Dios en medio de la crisis de ellos motiven una discusión grupal. A continuación, veamos algunas indicaciones:

1. Como has reflexionado (arriba, en Reflexión per-sonal) con respecto a tu propia confrontación con la identidad y naturaleza del Padrino, ¿qué puedes decirles a los demás del grupo?

2. Comparte tus reflexiones sobre la cita de C. S. Lewis, que dice: "Dios nos susurra en nuestros placeres, habla a nuestra conciencia, pero nos grita en nuestros dolores: ese es su megáfono para despertar a un mun-do sordo".[7]

3. En algún momento, muchos cristianos se enfrentan a la barrera de la traición, a la que se enfrentan cuando piensan que Dios los ha traicionado o que no está realmente interesado en ellos. Discutan esta noción en grupo.

4. Analiza tus puntos de vista con respecto a lo siguien-te:
   a. La teología de la preocupación: la idea de que Dios es eliminado de las luchas diarias de la humanidad.
   b. La teología del titiritero: la idea de que Dios está demasiado ocupado en las decisiones diarias de la humanidad.

5. Ahora que has leído acerca de los planes de Dios, ¿estás dispuesto a abrirle tu corazón al Padrino y bus-carlo como nunca antes? Examina tu corazón y tu mente. ¿Qué podría impedirte hacerlo?

3

Sigue a la verdadera Estrella del rock

[Jesús preguntó] "Y ustedes, ¿quién dicen que soy yo?". "Tú eres el Cristo, el Hijo del Dios viviente —afirmó Simón Pedro".

Mateo 16:15-16

Aunque particularmente prefiero el sonido de las canciones de amor clásicas de los años 80 y de artistas como Journey y Phil Collins, reconozco que superestrellas como Beyoncé han cautivado los corazones y captado la atención de miles de millones de personas en todo el mundo. En un espectáculo, en especial, en 2011 (en Glastonbury, Inglaterra), que ha sido identificado por la revista *Billboard* como el tercer festival más grande de todos los tiempos, Beyoncé —secretamente embarazada de tres meses— hizo su entrada en un escenario piramidal a través de una plataforma hidráulica, con efectos pirotécnicos.[1] Allí deleitó a la audiencia con canciones favoritas como "Single Ladies (Put a Ring on It)" y "Halo"; además, cantó éxitos como "At Last", de Etta James, y luego expresó la siguiente opinión: "¡Están presenciando un sueño! Siempre quise ser una estrella de rock".[2] El público esa noche respaldó cada una de sus palabras.

Mucha gente está cautivada por el brillo y el glamour de lo último y más grande de Hollywood en el escenario. A lo largo de los años, los programas de talentos reales como *American Idol, America's Got Talent* y *The Voice* han reforzado la cultura de las estrellas del rock. Cuando se les pregunta: "¿Por qué vienes al programa?", los concursantes de todo el mundo suelen responder: "Este es mi sueño". La implicación no dicha, por supuesto, es casi siempre una ambición personal de fama; quieren convertirse en el próximo Steve Perry, Beyoncé u otro artista que actualmente cautiva a la audiencia de todo el mundo.

El sueño del estrellato puede ser apropiado en la industria del entretenimiento, con sus focos y ovaciones. Pero en el contexto de la iglesia cristiana, el "ministerio estelar" (o que se constituye en el centro de atención) resulta ser incongruente y desubicado. Cuando presionaron a Juan el Bautista para que subiera al escenario en la época de Jesús, él se negó enfáticamente y dijo: "A él le toca crecer, y a mí menguar". O como dice la Nueva Traducción Viviente: "Él debe tener cada vez más importancia y yo, menos" (Juan 3:30 NTV). En pocas palabras, solo puede haber una verdadera estrella de rock: Jesucristo.

En el Nuevo Testamento, el apóstol Pedro se hace eco de una antigua declaración dada por Dios al profeta Isaías: "Por lo cual también contiene la Escritura: He aquí, pongo en Sion la principal piedra del ángulo, escogida, preciosa; y el que creyere en él, no será avergonzado" (1 Pedro 2:6 RVR1960). Luego Pablo reforzó eso cuando escribió: "Todos también comieron el mismo alimento espiritual y tomaron la misma bebida espiritual, pues bebían de la roca espiritual que los acompañaba, y la roca era Cristo" (1 Corintios 10:3-4).

El ministerio estelar, por supuesto, no es un problema nuevo en la iglesia. Ya en el primer siglo, había ejercido un impacto en la iglesia de Corinto. El apóstol Pablo lo abordó rápidamente:

> Les suplico, hermanos, en el nombre de nuestro Señor Jesucristo, que todos vivan en armonía y que no haya divisiones entre ustedes, sino que se mantengan unidos en un mismo pensar y en un mismo propósito. Digo esto, hermanos míos, porque algunos de la familia de Cloé me han informado que hay rivalidades entre ustedes. Me refiero a que *unos dicen: "Yo sigo a Pablo"; otros afirman: "Yo, a Apolos"; otros: "o, a Cefas"; y otros: "Yo, a Cristo"*. ¡Cómo! ¿Está dividido Cristo? ¿Acaso Pablo fue crucificado por ustedes? ¿O es que fueron bautizados en el nombre de Pablo?
>
> 1 Corintios 1:10-13, énfasis añadido

Algunos de los primeros cristianos se alineaban con sus personajes favoritos, lo que hizo que Pablo reiterara la importancia de seguir a Cristo por encima de cualquier otro líder, y eso lo incluía incluso a él mismo. Todos sabemos lo suficiente sobre la cultura de la iglesia para poder imaginar el tipo de cosas que esos creyentes corintios debieron haber estado diciendo: "Deberían oír predicar a Apolos. Ese sí que sabe hacerlo". "Ah sí, ¿y qué con Pedro? ¿Han escuchado sus ilustraciones sobre la pesca?". El resultado era que Jesucristo terminaba siendo considerado como otro simple "personaje" entre muchos. La cultura tipo estrella de rock dentro de la iglesia siempre estará diametralmente opuesta al deseo de Dios; es más, siempre ampliará la brecha espiritual entre él y su pueblo.

Sigue a Cristo

La mayor interrupción divina en la historia ocurrió cuando "Dios ... dio a su Hijo unigénito, para que todo el que cree en él no se pierda" (Juan 3:16). En ese momento, la humanidad fue testigo del compromiso supremo de Dios en cuanto a cerrar la brecha espiritual, lo cual implicó regalar a su Hijo al mundo por todas las generaciones. Sin embargo, su obsequio no siempre ha sido recibido, ya que muchos han luchado por aceptarlo y seguirlo.

¿Recuerdas cuando Jesús les preguntó a sus discípulos: "Y ustedes, ¿quién dicen que soy yo?" (Mateo 16:15). En esa ocasión el Señor estaba abordando la cuestión más importante de todos los tiempos: ¿Quién *es* Jesús? Dios continuará interrumpiendo nuestras vidas con esa pregunta hasta que la respondamos con claridad. ¿Por qué? Porque está comprometido, ciento por ciento, a cerrar la distancia entre él y nosotros.

Viajé a Israel hace algún tiempo y visité el probable lugar donde Jesús hizo esa pregunta. En el siglo primero, el lugar se llamaba Cesarea de Filipo, llamado así porque los romanos habían erigido un gran templo dedicado a César Felipe. Además, aproximadamente otros catorce templos salpicaban el paisaje en honor al dios sirio Baal, y allí se podía ver un gran templo construido para el dios Pan. Con este telón de fondo panteísta y politeísta de diversos templos a diversos dioses, Jesús hizo la pregunta: "¿Quién decís que soy yo?".[3]

Si profundizamos en el texto, es posible que notemos un desafío al leer el pronombre personal ustedes ("Y ustedes, ¿quién dicen que soy yo?") que aparece en el texto griego original y en castellano, aunque en otros idiomas no se traduce así. El caso es que la pregunta de Jesús no se la hace a un discípulo individual sino a todos los discípulos. Por lo tanto, cuando Pedro habla, no solo responde por sí mismo, sino también en nombre de todo el grupo. "Tú eres el Cristo, el Hijo del Dios viviente" (Mateo 16:16).

Vale la pena señalar que esta historia no sucedió al comienzo del ministerio de Jesús. De hecho, en este punto los discípulos ya habían viajado y vivido con él durante más de un año. Ellos ya habían escuchado el Sermón del Monte y lo vieron realizar muchos milagros. Le habían oído referirse a sí mismo como Hijo del Hombre muchas veces. La expresión *Hijo del Hombre* es significativa por varias razones. No solo era el título favorito de Jesús para sí mismo, puesto que se llamó a sí mismo Hijo del Hombre al menos 81 veces, sino que era una referencia del Antiguo Testamento que los discípulos judíos de Jesús no habrían obviado:

En esa visión nocturna, vi que alguien con aspecto humano venía entre las nubes del cielo. Se acercó al venerable Anciano y fue llevado a su presencia, y se le dio autoridad, poder y majestad. ¡Todos los pueblos, naciones y lenguas lo adoraron! ¡Su dominio es un dominio eterno, que no pasará, y su reino jamás será destruido!

Daniel 7:13-14

Antes de que Jesús planteara esta pregunta a los discípulos, algunos creían que él era el Mesías, pero no el Hijo de Dios. En consecuencia, cuando Simón Pedro respondió: "Tú eres el Cristo, el Hijo del Dios viviente", estaba identificando a Jesús como el Mesías (Cristo) y como la deidad (Hijo de Dios), todo en la misma frase. ¡Este es el primer momento registrado en el que se afirmó la deidad de Jesús!

Después de eso, inmediatamente, Jesús menciona a la iglesia por primera vez con estas tres palabras: "Edificaré mi iglesia" (Mateo 16:18). Durante el primer siglo, la palabra *iglesia* era un término secular que se refería a cualquier asamblea de personas; hoy es un término religioso. Sin embargo, siempre ha significado un cuerpo de personas y no un edificio. De modo que cuando Jesús dice que construirá su iglesia, no quiere decir que diseñará y construirá una estructura, sino que construirá un cuerpo de personas.

La declaración de Jesús: "Edificaré mi iglesia" se registra en tres de los cuatro evangelios, y en cada caso se declara en el mismo párrafo que la confesión de Simón Pedro: "Tú eres el Cristo, el Hijo del Dios viviente". Es profundamente significativo encontrar que la primera mención de la "iglesia" está directamente relacionada con la confesión del señorío de Jesús por parte de Simón Pedro.

¿Por qué esperó Jesús todo ese tiempo para mencionar a la iglesia? Él ya había realizado milagros significativos y había compartido una profunda sabiduría con personas en muchos lugares. Creo que esperó para mencionarla hasta que fue proclamado Señor. Hasta este momento, no puede haber iglesia a menos que Jesucristo sea el Señor. Hasta que él sea la autoridad gobernante que construya su iglesia, esta no existe.

Además, la construcción bíblica de las palabras de Jesús es preventiva en el sentido de que usa dos pronombres personales dentro de las tres palabras: "Yo", de manera tácita, y "mi". "*Edificaré mi* iglesia". Esto es cierto incluso si la oración se reestructura para que diga: "Esta es *mi* iglesia y *la* edificaré". En otras palabras, no hay lugar para nadie más. Hasta este día, cuando las personas sucumben a la elevación y la adulación de las celebridades cristianas y las personalidades carismáticas, Jesús se afirma a sí mismo como la única verdadera estrella de rock.

Ahora, en algunas tradiciones cristianas —particularmente en el catolicismo romano—, el apóstol Pedro es conocido como la roca de la iglesia. Después de todo, la declaración completa en realidad dice: "Tú eres Pedro, y sobre esta piedra [roca] edificaré mi iglesia" (Mateo 16:18). Ciertamente, Pedro había hablado en nombre de los discípulos, porque él lideraba la manada. De hecho, dondequiera que se ve una lista de los discípulos en los evangelios, el nombre de Pedro aparece en la parte superior. Es el portavoz del grupo, el que predica el primer mensaje y abre las puertas de la primera iglesia. A la luz de la historia de la iglesia primitiva, hay pocas dudas de que Jesús identificó a Pedro como el líder principal de su iglesia.

Sin embargo, al reconsiderar la cultura actual de las estrellas del rock en este capítulo, debemos ser cautelosos con la idea de que Jesús quería que Pedro asumiera un estatus elevado. Permitir que Pedro tome tal preeminencia en la iglesia solo distraería la atención de aquel que merece todos los elogios. No creo que Jesús tuviera la intención de hacer a Pedro tan prominente. Cuando miramos el texto griego, podemos tener una mejor pista de lo que Jesús pudo haber querido decir. La palabra para "Pedro" aquí es *petros* o piedra, que es singular, pero la palabra griega para *"roca" es petra*, plural. Por lo tanto, una lectura más precisa y apegada a la verdad podría resultar en una interpretación como la siguiente: "Pedro, eres una piedra, y sobre muchas piedras edificaré mi iglesia". En otras palabras, Jesús identifica a Pedro como una piedra (singular) dentro de las muchas piedras colectivas (plural) que se usarían para construir su iglesia. Pedro es ciertamente una roca, incluso una roca importante en todo eso, pero de ninguna manera es la verdadera estrella de rock.

El reino completo de Dios no se puede construir sobre un líder, un predicador ni un portavoz. Debe basarse en la declaración: "Tú eres el Cristo, el Hijo del Dios viviente".

Sigue la vida de Cristo

En este punto, Jesús comienza a enseñar a sus discípulos acerca de cómo cerrar la brecha con él. Por eso dice:

> "Si alguien quiere ser mi discípulo, tiene que negarse a sí mismo, tomar su cruz y seguirme. Porque el que quiera salvar su vida, la perderá; pero el que pierda su vida por mi causa, la encontrará. ¿De qué sirve ganar el mundo entero si se pierde la vida? ¿O qué se puede dar a cambio de la vida?".
>
> Mateo 16:24-26

Al principio, Jesús había hecho la pregunta: "¿Quién soy yo?". Ahora pregunta: "¿Me seguirás?".

¿*Seguirás* la vida de Cristo? Este es el quid y el crisol de la fe cristiana. ¿Estás dispuesto a negarte a ti mismo, tomar tu cruz y seguirlo?

Hablando con franqueza, he luchado con el desafío de Jesús en cuanto a "negarme a mí mismo y tomar mi cruz" algunas veces porque parece una tarea muy grande. ¡Luce imposible! Por supuesto, es posible que escuches a la gente decir: "Mi enfermedad es mi cruz" o "Mi jefe es mi cruz", pero no creo que eso sea de lo que Jesús estaba hablando. ¿Es posible que algunos de nosotros solo deseemos la atención que conlleva llevar una cruz? ¿O es posible que las cruces que creemos que llevamos son solo réplicas de poliestireno de esas toscas y pesadas vigas que estaban atadas a la espalda de nuestro Salvador?

La cruz de Jesús le costó la vida y sus palabras, "Toma tu cruz y sígueme", nos invitan a morir también a todos.

En verdad, podemos experimentar situaciones similares a una cruz, entre las que están las enfermedades graves, la persecución y las pérdidas. Pero nuestra cruz real sigue siendo la misma que la de Jesús; debemos negarnos a nosotros mismos y seguirlo. A veces pensamos que el problema son otras personas, pero generalmente somos nosotros mismos. Aunque podamos creer que otras personas son la fuente de nuestra infelicidad, la fuente subyacente de nuestro descontento suele ser el "yo".

El "yo" busca establecer las reglas, tomar las decisiones y ser el centro de atención. Actúa como un niño pequeño que dice: "Esto lo hago *yo*", solo para ponerse la camisa al revés y atarse mal los cordones de los zapatos.

¿Qué comprende tu "yo"? Sugeriría que incluya tu mente (lo que piensas), tu voluntad (lo que quieres) y tus emociones (cómo te sientes). Es importante saber esto, porque "yo" es a menudo el voto decisivo en la reunión que determina la forma en que vives tu vida.

Como seres tripartitos, todos existimos con cuerpo, alma (yo) y espíritu. Dado que el cuerpo está asociado con el reino físico y el espíritu se conecta con el reino espiritual, entonces el voto decisivo para la mayoría de las decisiones a menudo se deja en manos del alma. Desafortunadamente, el alma (o el yo) tiene una fuerte tendencia a alinearse con el cuerpo (el reino físico), lo cual solo aumenta nuestra distancia de Dios. Pero cada vez que tu alma da el voto decisivo para negar su inclinación natural ("egoísta") y en cambio seguir a Cristo, entonces cierra la distancia entre Dios y tú; te acercas más a él.

En definitiva, la tarea de "Negarte a ti mismo y seguir a Cristo" se trata realmente de renunciar a tu preferencia por vivir como la estrella de rock de tu propia vida para que él pueda asumir el papel principal.

Un papel secundario, no el principal

Cuando estaba en la universidad, decidí hacer una audición para representar al profesor Harold Hill, el papel principal en el musical *The Music Man*. Aunque podría haber hecho una audición para un papel menor, fui tras el centro de atención. Meses después de que finalmente me eligieron para el papel, aprendí mis parlamentos ("Ah, tienes problemas, aquí mismo en River City") y ensayé canciones como "Seventy-Six Trombones" y "Marian the Librarian".

La semana de actuaciones finalmente tuvo un gran éxito y, en verdad, encontré que el telón de fondo de los aplausos fue afirmativo. Pero después me di cuenta de que la mejor parte de la producción no había sido interpretar el papel principal, sino la colaboración con mis compañeros de reparto en el musical.

Este principio se aplica fácilmente a nuestra vida espiritual. Jesucristo juega el papel principal (él es el protagonista), mientras que nosotros jugamos varios papeles en el reparto secundario. En términos simples, no tenemos que "jugar a ser Dios". ¿No es eso refrescante y liberador? Cuando permitimos que Dios desempeñe el papel principal, nos liberamos de la abrumadora presión de enfrentar la vida por nuestra cuenta.

Durante muchos años, mi familia vivió en el suroeste de Missouri, cerca de la ciudad de entretenimiento de Branson, que se encuentra en las montañas Ozark (que en realidad son más colinas que otra cosa) y es conocida por su ambiente familiar. Aunque Branson tiene una población de aproximadamente diez mil personas, recibe cerca de ocho millones de turistas cada año debido a todo el entretenimiento familiar que allí se brinda.

Incluso tiene un parque de atracciones: Silver Dollar City. Mi familia a veces compraba pases anuales para el parque solo para que pudiéramos tener acceso a la comida, que incluye pollo a la barbacoa, mazorcas de maíz a la parrilla y pasteles variados. El parque también ofrece salas de juegos y de videojuegos donde podíamos ganar peluches y premios jugando baloncesto o el popular Whac-A-Mole (o golpea al topo, en español).

Hablando de Whac-A-Mole, siempre me divertí mucho con el mazo; pero a menudo me sentía frustrado porque, justo en el momento en que lograba golpear la cabeza de uno de esos pequeños topos, aparecía otra cabeza. Esto es muy similar a la vida diaria, en la que nos encontramos atacando un problema solo para ver surgir otro. Un conflicto relacional da paso a otro; una crisis emocional apenas se resuelve cuando otra nos abruma. Podemos caminar pretendiendo que tenemos el control —"¿Ves esto? ¡Tengo el mazo! ¡Tengo el control!", pero no lo tenemos. Si realmente tuviéramos el control, ¿por qué entonces nos sentimos tan frustrados y abrumados por los problemas que surgen continuamente? Si somos tan todopoderosos, ¿por qué no desconectamos la máquina y simplemente paramos el juego? En realidad, la única solución real es ceder el control a Cristo. Debemos hacer lo que él dijo: negarnos a nosotros mismos, tomar nuestra cruz y seguirlo.

Una relación, no una religión

En nuestra búsqueda de Cristo, debemos enfocarnos constantemente en tener una relación personal con él más que participar en una actividad religiosa tras otra. El teólogo Henry Blackaby escribió:

> Conocer a Dios no se logra a través de un programa ni de un método. Es una relación con una Persona. Es una relación íntima de amor con Dios. A través de esa relación, Dios te revela su voluntad y te invita a unirte a él.[4]

Por desdicha, mucha gente confunde religión con relación. Asistirán a la iglesia y escucharán las palabras de Jesús el domingo, pero las tendrán en poca consideración el lunes. O cumplirán con su deber cristiano en ciertas ocasiones especiales, pero no mostrarán disciplina cristiana el resto del año.

Recuerda el sabio refrán: "El hecho de que estés en un garaje no te convierte en auto. El hecho de que estés en un establo no te convierte en burro. El hecho de que metas la cabeza en un horno no te convierte en un pastel de chocolate. El hecho de que estés en un McDonald's no te convierte en un Big Mac. Y solo porque asistas a la iglesia, eso no te convierte en cristiano". La prueba de fuego de tu cristianismo nunca será tu actividad religiosa, al contrario, siempre será tu relación personal con Jesucristo.

Y aunque tu relación con Jesús puede darte gran gozo, el compromiso sigue siendo serio. Inmediatamente después de que Jesús dijo: "Si alguien quiere ser mi discípulo, tiene que negarse a sí mismo, tomar su cruz y seguirme" (Mateo 16:24), afirmó: "Porque el que quiera salvar su vida, la perderá; pero el que pierda su vida por mi causa, la encontrará" (Mateo 16:25). ¿Perder tu vida por causa de él te parece un compromiso irrelevante?

Por desdicha, vivimos en una cultura que parece tomar a Cristo a la ligera. Es casi como si la gente quisiera comprarlo a mitad de precio. Sé que has visto las señales de ventas especiales en todos los comercios. Las tiendas minoristas confían en el hecho obvio de que las personas no quieren pagar un precio elevado cuando pueden encontrar algo en oferta especial o a precios rebajados. Pero nunca lo encontraremos a él en una venta con ofertas baratas.

En gran parte, la única época del año en la que disfruto de las compras es en Navidad. Iré a varias tiendas y deambularé en busca del artículo que parezca adecuado para mi esposa y para cada uno de mis hijos. Un año, en particular, busqué hasta que encontré una túnica blanca y acolchada para mi esposa, Kimberly, y un par de hermosas botas marrones para mi hija, Grace. Por lo general, solo sé que he tenido éxito cuando veo que mis regalos se usan realmente después de Navidad, pero en esa excursión de compras en particular, ya sabía que había elegido bien. Para colmo, compré ambos artículos en oferta especial.

Aunque me gustan los precios rebajados tanto como a cualquier otra persona, agradezco eternamente que Jesucristo no se pueda comprar en oferta o a precio rebajado. Tenemos que pagar el precio completo, negarnos a nosotros mismos, tomar nuestra cruz y seguirlo. Tenemos que decidir perder nuestra vida por él para encontrarlo. Como nos lo recordó Jesús, el compromiso absoluto y de todo corazón es el mandamiento principal de Dios para nosotros: "Y amarás al Señor tu Dios con todo tu corazón, y con toda tu alma, y con toda tu mente y con todas tus fuerzas. Este es el principal mandamiento" (Marcos 12:30 RVR1960). La vida cristiana implica un nivel de compromiso que involucra todo nuestro ser.

El salmista dijo: "Dichosos todos los que temen al Señor, los que van por sus caminos" (Salmos 128:1). Naturalmente, la palabra "temen" propende a tener una connotación negativa pero, en este contexto, el temor realmente significa "tomar a Dios en serio". Sí, el temor puede hacerte temblar porque te asusta, pero el temor del Señor realmente significa que lo tienes a él en la más alta estima. En el Salmo 128 aprendemos que nuestra vida será bendecida cuando tomemos al Señor en serio y caminemos en sus caminos.

Puede que este no sea el ejemplo perfecto, pero hace poco iba manejando algo rápido cuando vi un auto de policía estacionado al costado de la carretera. Inmediatamente, miré el velocímetro para verificar la velocidad y, cuando me di cuenta de lo rápido que andaba, hice un juego con mis pies. El oficial de policía, al que no podía ver, influyó mucho en mi manera de conducir, y el solo hecho de saber que estaba allí afectó mi toma de decisiones al instante. Tomé el coche de la policía en serio, no a la ligera. De manera similar, he aprendido que cuando tomo al Señor Jesús en serio, evidencio que ando en sus caminos.

Debido a que soy pastor, algunas personas se me acercan ocasionalmente —como con cierto tono de disculpa (y también un poco a la defensiva)— y me dicen: "No soy una persona religiosa". A lo que disfruto responder: "Tampoco me gusta la religión; solo tengo una relación con Jesucristo".

La vida de Cristo no se trata de religión; se trata de *relación*.

La tentación del reconocimiento

En los festivales o los conciertos, las multitudes esperan el momento de la "ovación al artista". Al final de un espectáculo, la muchedumbre ovacionará y aplaudirá hasta que el artista regrese al escenario con el fin de reconocerlo por su excelencia artística. Eso a veces puede prolongarse por un tiempo, especialmente cuando se trata de los mejores intérpretes, los cuales reciben las ovaciones más fuertes y prolongadas. Veamos un dato curioso: El récord de la ovación más larga de la historia lo conserva Luciano Pavarotti, que el 24 de febrero de 1988 volvió al escenario 165 veces para ser elogiado por su actuación en la ópera *El elixir de amor*, de Donizetti, en el Palacio de la Ópera de Berlín. En esa noche memorable, el público lo aplaudió durante una hora y siete minutos.[5]

En verdad, las ovaciones al artista están muy bien en el teatro pero, en la iglesia, los cristianos —y especialmente aquellos que somos líderes— no debemos sucumbir a la tentación del ministerio estelar (o que se constituye en el centro de atención). Nunca olvides lo que Jesús les dijo a sus discípulos después que les enseñó acerca de la importancia de negarse a sí mismo y seguirlo. Él dijo: "¿De qué sirve ganar el mundo entero si se pierde la vida? ¿O qué se puede dar a cambio de la vida?" (Mateo 16:26). Hay más en juego de lo que pensamos.

Quizás hayas escuchado la historia del hombre que llamó a la oficina de una iglesia y dijo: "Quiero hablar con el cerdo que manda en la porqueriza". Después de recuperar el aliento al oír aquello, la secretaria respondió: "Puede llamarlo Pastor, pero no el cerdo que manda en la porqueriza". El hombre continuó y le dijo: "Está bien… es que estaba pensando hacer una donación de cien mil dólares a la iglesia". En ese momento, la secretaria lo pensó mejor y respondió: "Bueno, espere un momento; creo que acaba de llegar Porky".

Por desdicha, los cristianos y —especialmente— los líderes de la iglesia, siempre se enfrentarán a la tentación de perder o cambiar sus almas por ganancias personales, pero el llamado a valorar el carácter piadoso sigue siendo el mismo. Recuerda el testimonio del apóstol Pablo, que había logrado mucho éxito como fariseo antes que Jesucristo lo llamara:

> He sido crucificado con Cristo, y ya no vivo yo, sino que Cristo vive en mí. Lo que ahora vivo en el cuerpo, lo vivo por la fe en el Hijo de Dios, quien me amó y dio su vida por mí.
>
> Gálatas 2:20

La reflexión de Pablo reconoce el poder del cambio interior. Un par de capítulos después, amplía esta idea: "Queridos hijos, por quienes vuelvo a sufrir dolores de parto hasta que Cristo sea formado en ustedes" (Gálatas 4:19).

A medida que nos acercamos a Dios, sentimos la obra reformadora de Cristo desde dentro. Instados a tener una clase de carácter como el de Cristo, decimos juntos: "Profesor Jesús, estoy aquí para aprender de ti. Quiero modelar mi vida según la tuya. Quiero hablar como tú hablas, vivir como tú vives y amar como tú amas". En pocas palabras, cuando seguimos la vida de Cristo, dejamos de buscar las ovaciones del público y comenzamos a buscar la aprobación de él.

Cuando Nelson Mandela cumplió setenta años, se celebró un concierto de rock en su honor en el estadio de Wembley, en el Reino Unido. Setenta mil personas se amontonaron en las gradas para escuchar a la banda musical Guns N 'Roses y muchos otros grupos de rock. El evento se prolongó por doce horas seguidas y en aquella ruidosa multitud se bebió alcohol y se consumió drogas libremente. Al final del concierto, el último intérprete era un artista desconocido que salió al escenario sin fanfarria alguna. Sin instrumentación ni acompañamiento comenzó a cantar tiernamente:

> *Sublime gracia del Señor*
> *Que a un infeliz salvó*
> *Fui ciego mas hoy veo yo*
> *Perdido y Él me halló.*

Nadie podría haberse imaginado lo que sucedió a continuación. Un silencio indescriptible inundó el estadio y muchos de los asistentes comenzaron a cantar junto con Jessye Norman la melodía de "Sublime Gracia".[6] Una multitud escandalosa había acudido a ver a todas sus estrellas de rock favoritas aquel día, pero —de repente—presenciaron una interrupción divina. Inesperadamente, se encontraron exaltando a la verdadera estrella del rock: Jesucristo. No es exagerado pensar que algunos incluso hayan pronunciado una declaración como la de Simón Pedro: "Tú eres el Cristo, el Hijo del Dios viviente".

Cada uno de nosotros debe decir esas palabras individualmente y desde lo profundo del corazón.

RETO personal

Debido a que sucumbimos a la tentación de seguir a las celebridades cristianas y a las personalidades carismáticas con demasiada frecuencia, debemos recordar que Jesús es la verdadera Estrella del rock. Mientras reflexionas sobre los desafíos presentados en este capítulo, analiza cada consideración a través del mismo filtro. Pregúntate: "¿Mantiene esto a Jesucristo en el trono de mi corazón?".

REFLEXIÓN personal

1. Imagina que eres uno de los discípulos que escuchó a Jesús cuando hizo la pregunta: "Y ustedes, ¿quién dicen que soy yo?" (Mateo 16:15). ¿Cuál será tu respuesta?
2. En algún momento, la mayoría de nosotros debemos enfrentarnos a la cuestión de quién protagonizará el papel principal y quién desempeñará el secundario en nuestras vidas. En este momento, ¿colocas al Señor Jesucristo en el papel principal? Si no es así, ¿por qué?
3. En la iglesia primitiva, ciertos cristianos se alineaban con sus personajes favoritos para que el señorío de Jesús se perdiera en la confusión. ¿Es esto un peligro para ti? Si es así, ¿cómo lo superas?
4. Demasiadas personas confunden religión con relación. ¿Cómo diferencias entre ambas cosas?
5. El desafío de Jesús de que "te niegues a ti mismo y tomes tu cruz" parece una tarea muy grande. ¿Qué significa eso para ti?

ORACION personal

Padre celestial, reconozco que enviaste a tu Hijo, Jesucristo, para que fuera la verdadera Estrella de rock de la iglesia. También reconozco que la iglesia le pertenece y que él la edificará. Ahora mismo, confieso que él es el Cristo, el Hijo del Dios viviente, en mi vida. Le doy el papel principal, no el secundario. Me comprometo a tener una relación con él en vez de una religión. Tengo la intención de seguir negándome a mí mismo, tomar mi cruz y seguirlo. Declaro que no permitiré que nada ni nadie ocupe su lugar en el trono de mi corazón. Debido a que he escuchado su llamado a valorar el carácter piadoso, no quiero cambiar nunca mi alma por prioridades menores. Oro esto en el nombre de Jesús, amén.

RETO colectivo

Cuando Jesús les preguntó a sus discípulos: "Y ustedes, ¿quién dicen que soy yo?" (Mateo 16:15), abordó la cuestión más importante de todos los tiempos: "¿Quién es Jesús?". Para cerrar la distancia entre nosotros y Dios debemos permanecer centrados en este asunto. Dios continuará interrumpiendo nuestras vidas hasta que le respondamos con la verdad.

Por desdicha, la iglesia en el siglo veintiuno continúa luchando con el problema que enfrentaba la iglesia primitiva: los cristianos se alinean detrás de su personaje favorito más que en Jesucristo. Cultivar una cultura tipo estrella de rock dentro de la iglesia sigue siendo diametralmente opuesto al corazón de Dios. Permite que la confesión de Pedro, cuando dijo: "Tú eres el Cristo, el Hijo del Dios viviente" (Mateo 16:16), inicie una discusión en grupo sobre la identidad de la verdadera Estrella del rock de la iglesia: Jesucristo.

1. Imagina que eres uno de los discípulos que escucha a Jesús hacer la pregunta: "¿Quién dices que soy yo?". ¿Cuál sería tu respuesta y por qué?

2. En algún momento, la mayoría de nosotros enfrentamos el desafío de quién protagonizará el papel principal y quién desempeñará el papel secundario en nuestras vidas. ¿Dónde dirías que te encuentras en ese proceso?

3. En la iglesia primitiva, ciertos cristianos se alineaban con sus personajes favoritos, lo que permitió que el propio Cristo se perdiera en el lío. ¿Cómo se manifiesta este peligro en la iglesia de hoy y cómo lo superamos?

4. Demasiadas personas confunden religión con relación. ¿Cuál es la diferencia para ti?

5. Analiza el significado de lo siguiente:
   a. Negarte a ti mismo
   b. Tomar tu cruz
   c. Seguirlo

6. Por desdicha, todos se enfrentan a la tentación de perder o vender su alma por alguna recompensa. ¿Cuáles serían algunas de esas tentaciones para ti?

7. Discutan sobre el llamado al carácter expresado por el apóstol Pablo: "Queridos hijos, por quienes vuelvo a sufrir dolores de parto hasta que Cristo sea formado en ustedes" (Gálatas 4:19).

4

Descarga el app Dios

"Pero, cuando venga el Espíritu Santo sobre ustedes, recibirán poder y serán mis testigos tanto en Jerusalén como en toda Judea y Samaria, y hasta los confines de la tierra".

Hechos 1:8

Vivimos en una "era de la inteligencia" impulsada por la tecnología inteligente. Nuestros teléfonos han sido inteligentes durante años y ahora también tenemos hogares inteligentes, autos inteligentes e incluso juguetes inteligentes. Camina por un área densamente poblada y verás personas enfocadas en sus pantallas: pantallas de teléfonos, tabletas, computadoras portátiles o de televisión. A algunas personas incluso les gusta ver varias pantallas al mismo tiempo; nuestros hijos, definitivamente, pueden ser identificados como "screenagers" (jóvenes que saben mucho de computadoras e internet).

Por supuesto, hace un par de décadas no teníamos Instagram, iMessage, YouTube ni Uber, y las aplicaciones (o *app*, como se conocen más) no existían. El App Store (o tienda de aplicaciones) de la empresa Apple distribuyó sus primeras quinientas aplicaciones en julio de 2008.[1] Ahora, podemos elegir entre 2.8 millones de aplicaciones en la tienda Google Play, y cada día el usuario promedio de un teléfono inteligente pasa un promedio de dos horas y quince minutos explorando de sesenta a noventa aplicaciones descargadas en su teléfono.[2]

Mi hija, Grace, descarga principalmente aplicaciones de juegos y redes sociales, pero en mi teléfono tengo todo tipo de aplicaciones para restaurantes, como por ejemplo, Chick-fil-A, Chili's y Starbucks, por nombrar algunas. Tengo un *app* de Andy's Frozen Custard, que no solo es mi favorita, sino la de toda mi familia (tal vez no tanto por la aplicación en sí, sino por la deliciosa natilla congelada que nos permite comprar). También tengo aplicaciones de transporte para Uber y American Airlines. Sé que, si mi vuelo se retrasa o cancela, puedo reservar otro en mi teléfono en cuestión de minutos. Estas invaluables aplicaciones me ayudan a ir de un lugar a otro de la manera más conveniente posible.

La industria del software ha puesto a disposición todas estas aplicaciones a través de "la nube". Y aun cuando la nube —así como todo lo concerniente a la cibernética y la tecnología pertinente a ella— se refiere técnicamente al almacenamiento y procesamiento de datos a través de varios servidores en línea, para la mayoría de las personas, "la nube" parece significar algo más; algo como una especie de reino místico o metafísico. Considerando todo esto, ¿qué pasaría si Dios hubiera ofrecido una especie de *app* espiritual capaz de conectar la tierra con el cielo en cualquier momento, un punto de acceso a sus servidores espirituales?

Es más, ya lo hizo. El "App Dios" siempre está disponible para los creyentes. No requiere una red 5G, ni rigurosas precauciones de seguridad ni la brumosa "nube". Al contrario, Dios ha establecido un vínculo directo con nosotros por medio de su presencia: el Espíritu Santo. Por eso pienso que el Espíritu Santo es, en efecto, el App Dios que tenemos los cristianos. De hecho, al usar el acrónimo *APP* podemos recordar que, a través del Espíritu Santo, tenemos…

*Acceso a la **P**resencia del **P**oder de Dios.*

Justo antes de ascender al cielo, Jesús prometió a sus discípulos: "Cuando venga el Espíritu Santo sobre ustedes, recibirán poder y serán mis testigos tanto en Jerusalén como en toda Judea y Samaria, y hasta los confines de la tierra" (Hechos 1:8). En otras palabras, "Accederían a la Presencia de su Poder".

Acceso

Para iniciar el acceso, debes tener un compromiso definitivo. Para acceder a mi computadora portátil, debo abrirla y proporcionar la contraseña necesaria, la que luego me permite acceder a la gran cantidad de información almacenada allí. Para tener acceso a mi casa, solo uso las llaves correctas, sin las cuales quedo bloqueado, sin poder entrar a ella.

Eso me recuerda lo que sucedió después que mi familia se mudó a Fort Worth, Texas Metroplex, en 2017. Para ayudar a aliviar la tensión de la mudanza y crear una medida de feliz anhelo por ese nuevo capítulo en su vida, le prometimos a nuestra hija Grace que le daríamos un cachorro. Finalmente, después de los primeros meses de arreglar nuestro nuevo hogar, le compramos el cachorro prometido: un hermoso pastor australiano con manchas marrones y blancas al que llamamos Teddy. Todos estábamos enamorados de ese hermoso cachorro pero, por supuesto, lo que no nos entusiasmaba mucho era su entrenamiento para ir al baño.

Una vez, Grace llevó a Teddy a su rutina de entrenamiento para ir al baño después de las doce de la noche y, accidentalmente, se encerró en el lugar en el que hacía esa tarea y que estaba fuera de la casa. Así que no pudo volver a entrar porque aún no habíamos dejado una llave de repuesto afuera, y mamá y papá ya estaban profundamente dormidos arriba con sus teléfonos inteligentes en silencio (lo que ciertamente no era muy inteligente). Sin ninguna solución a la vista, Grace terminó durmiendo en un sillón que estaba en el patio, abrazando a su cachorro, aunque la temperatura bajó significativamente esa noche. Ahora nos reímos de eso, pero en aquel momento fue traumático que Grace se quedara afuera de la casa bajo el frío.

¿Alguna vez te han dejado fuera de algo? ¿Han bloqueado tu computadora portátil, tu automóvil o incluso tu casa? Cuando estás bloqueado, puedes angustiarte y sentirte impotente puesto que estás consciente de que tienes el derecho legal a entrar pero, al mismo tiempo, experimentas una sensación de pérdida temporal porque no tienes acceso.

Por eso estoy aquí, para recordarte que el app Dios evita que experimentes algún tipo de bloqueo espiritual. Eso se debe a que ese app se instaló permanentemente en ti cuando te convertiste en cristiano por primera vez. El apóstol Pablo lo explicó así:

> ¿Acaso no saben que su cuerpo es templo del Espíritu Santo, quien está en ustedes y al que han recibido de parte de Dios? Ustedes no son sus propios dueños; fueron comprados por un precio. Por tanto, honren con su cuerpo a Dios.
>
> 1 Corintios 6:19-20

Así que tenemos acceso, en todo momento, a Dios a través del Espíritu Santo. Esa es la manera como se cierra la distancia entre nosotros y Dios, ya que se nos proporcionan dos beneficios: el Espíritu Santo nos ayuda a bloquear los deseos carnales y nos ayuda a librarnos de la ley. Déjame explicarte...

Bloquea la lujuria de la carne

Hace poco, estaba hablando con una amiga sobre el Espíritu Santo. Ella había crecido en la iglesia desde temprana edad y, sin embargo, todavía tenía muchas preguntas. "¿Cómo se ve un cristiano guiado por el Espíritu en siglo veintiuno? ¿Qué significa realmente tener acceso a la vida del Espíritu?". El apóstol Pablo abordó esta pregunta en su carta a la iglesia en Galacia, cuando escribió:

> Así que les digo: Vivan por el Espíritu, y no seguirán los deseos de la naturaleza pecaminosa. Porque esta desea lo que es contrario al Espíritu, y el Espíritu desea lo que es contrario a ella. Los dos se oponen entre sí, de modo que ustedes no pueden hacer lo que quieren. Pero, si los guía el Espíritu, no están bajo la ley.
>
> Gálatas 5:16-18

Cuando accedemos a la vida del Espíritu, la concupiscencia de la carne esencialmente se bloquea; el pecado ya no tiene acceso legal. La palabra *caminar* (*en griego, paripateo*), en realidad, refleja la imagen de "pasear por un lugar familiar". ¿Alguna vez has utilizado un sendero para caminar o correr con tanta frecuencia que ya no tienes que pensar en el lugar al que te diriges? He desarrollado ese tipo de camino circular alrededor de mi vecindario, que tiene aproximadamente casi dos kilómetros de largo. Cuando corro mientras escucho un *podcast* o alguna música bien elegida, ni siquiera pienso hacia dónde voy.

De la misma manera, el Espíritu Santo se vuelve parte de tu vida constantemente, al igual que inhalar y exhalar. Él siempre te está guiando y dirigiendo en la vida del Espíritu. No es de extrañar que las Escrituras digan: "En él vivimos, nos movemos y existimos" (Hechos 17:28). La vida espiritual sigue siendo familiar.

Por supuesto, incluso a medida que te familiarizas con la vida del Espíritu, se desata una batalla entre la vida del Espíritu y la lujuria de tu carne. La Nueva Traducción Viviente ofrece una imagen más detallada:

> Por eso les digo: dejen que el Espíritu Santo los guíe en la vida. Entonces no se dejarán llevar por los impulsos de la naturaleza pecaminosa. La naturaleza pecaminosa desea hacer el mal, que es precisamente lo contrario de lo que quiere el Espíritu. Y el Espíritu nos da deseos que se oponen a lo que desea la naturaleza pecaminosa. Estas dos fuerzas luchan constantemente entre sí, entonces ustedes no son libres para llevar a cabo sus buenas intenciones, pero cuando el Espíritu los guía, ya no están obligados a cumplir la ley de Moisés.
>
> Gálatas 5:16-18 NTV

Por desdicha, una especie de "jarabe sincrético" o "ágape estrafalario" ha surgido en algunos círculos cristianos de hoy, y ha hecho que algunas personas minimicen su naturaleza espiritual y aticen el pecado que permanece vivo dentro de ellos. Por eso hacen declaraciones como esta: "Debido a mi naturaleza carnal, no puedo evitar pecar". A veces incluso enfatizarán las Escrituras (o porciones de ellas) para probar su punto: "Soy solo un pecador salvo por gracia y estoy destituido de la gloria de Dios". O "Si decimos que no tenemos pecado, nos engañamos a nosotros mismos, y la verdad no está en nosotros" (1 Juan 1:8).

En verdad, todos somos capaces de pecar porque tenemos una naturaleza pecaminosa que hace muy posible que pequemos en cualquier momento. Sí, somos capaces de pecar, pero no tenemos que seguir viviendo en pecado. El apóstol Pablo dijo: "¿Continuaremos en el pecado para que la gracia abunde? ¡Ciertamente no!" (Romanos 6:1-2). Como seguidores de Cristo, debemos trabajar diligentemente, con la ayuda siempre presente del Espíritu Santo, para evitar el pecado a toda costa.

De hecho, Juan el Amado amplió sus comentarios (de 1 Juan 1:8) al declarar: "Todo aquel que permanece en él, no peca. El que peca, no le ha visto ni le ha conocido" (1 Juan 3:6). En ambas referencias al pecado, el tiempo del verbo griego indica acción continua. El hecho es que alguien que permanece en Cristo no seguirá pecando continua ni habitualmente como forma de vida. En otras palabras, Juan escribió: "Ninguno que haya nacido de Dios practica el pecado, porque la semilla de Dios permanece en él; no puede practicar el pecado, porque ha nacido de Dios" (1 Juan 3:9).

Los cristianos no pueden seguir pecando porque la semilla de Dios permanece dentro de ellos. Es interesante notar que la palabra *semilla* aquí viene del término griego *esperma*. ¿Te suena familiar? Aquí Juan se refiere a un encuentro milagroso, ¡un portento espiritual! Cuando cada uno de nosotros recibe el regalo de la salvación, la semilla divina o el esperma de Dios se deposita en nuestras vidas y lleva la naturaleza de Dios. Es un depósito espiritual. Como resultado, nuestros deseos comienzan a cambiar y nunca volveremos a ser los mismos. Palabras y acciones que antes no parecían molestarnos ahora golpean nuestra conciencia. Se produce una mayor sensibilidad en la vida diaria porque la semilla espiritual de Dios se ha depositado en nosotros.

Cualquiera sea la naturaleza de la simiente —vegetal, animal o humana—, toda semilla produce según su tipo. Las manzanas producen manzanas. Los perros producen perros. Los humanos producen humanos. Cuando recibimos a Jesucristo como nuestro Señor y Salvador, la simiente de Dios comienza a reproducir a Dios en nosotros. La naturaleza de la semilla de Dios produce el carácter de Dios en la persona en quien ha sido plantada. Y así como la semilla llega a la madurez y comienza a producir fruto, también la semilla del Espíritu comienza a producir el fruto del Espíritu (ver Gálatas 5:22-23). Con el tiempo, ese fruto espiritual prevalece más en nosotros que las obras de la carne que, en realidad, nos habrían descalificado para heredar el reino de Dios:

> Las obras de la naturaleza pecaminosa se conocen bien: inmoralidad sexual, impureza y libertinaje; idolatría y brujería; odio, discordia, celos, arrebatos de ira, rivalidades, disensiones, sectarismos y envidia; borracheras, orgías, y otras cosas parecidas. Les advierto ahora, como antes lo hice, que los que practican [griego *prasso*] tales cosas no heredarán el reino de Dios.
>
> Gálatas 5:19-21

Acceder a la vida del Espíritu significa que comenzamos a bloquear los deseos de la carne no solo temporalmente, sino de forma permanente. Una vez más, la semilla de Dios (el Espíritu Santo) nos permite caminar en el Espíritu. Para la persona que dice: "Soy solo un pecador salvo por gracia", la respuesta es: "*Eras* un pecador salvo por gracia, pero ahora estás viviendo la vida del Espíritu". Para el que dice: "Estoy destituido de la gloria de Dios", el recordatorio se convierte en: "Quedaste destituido de la gloria de Dios solo hasta que recibiste du simiente divina". Por dicha, puesto que todos tenemos acceso a la vida del Espíritu, ya no debemos satisfacer los deseos de la carne.

Deja atrás la ley de Moisés

Cuando obtenemos acceso a Dios a través del Espíritu, podemos dejar atrás la ley de Moisés, el segundo beneficio característico: "Pero, si los guía el Espíritu, no están bajo la ley" (Gálatas 5:18). El significado de "la ley" no se limita solo a la legislación del Antiguo Testamento. Es obvio que hay ciertos mandamientos en la ley mosaica que son moral, ética y espiritualmente eternos: los Diez Mandamientos, por ejemplo. Pero muchos cristianos de hoy ignoran la comprensión judía tradicional de ciertos mandamientos como "Acuérdate del día del *sabbat* y santifícalo". Solo un pequeño número de cristianos guarda el *sabbat* el sábado y rara vez su observancia implica evitar todo trabajo, o el uso de dispositivos electrónicos, como es la costumbre judía.

La ley del Antiguo Testamento se compone de mucho más que los Diez Mandamientos. De hecho, hay 613 leyes descritas por Moisés, muchas de las cuales son difíciles de aplicar a nuestra cultura actual, como por ejemplo: "No cuezas ningún cabrito en la leche de su madre" (Éxodo 34:26), o "No usen ropa tejida con dos clases distintas de hilo" (Levítico 19:19). Y luego este: "El cerdo es también impuro porque, aunque tiene la pezuña hendida, no rumia. No podrás comer su carne ni tocar su cadáver" (Deuteronomio 14:8). ¡Eso incluye el tocino y el jamón del desayuno! En realidad, algunas de las leyes de Moisés podrían ser útiles en la sociedad de hoy en la que se pregonan tantos derechos, como por ejemplo: "Ponte de pie en presencia de los mayores. Respeta a los ancianos" (Levítico 19:32).

Cuando leas estos ejemplos, tal vez te preguntes: "¿Por qué nos adherimos a algunas de las leyes de Moisés mientras ignoramos otras?". Ese fue un dilema relevante en la iglesia del primer siglo, cuando el apóstol Pablo expuso su pensamiento: "Pero si eres guiado por el Espíritu, no estás bajo la ley". Ya lo había aclarado anteriormente en su carta a la iglesia de Galacia:

> Antes de que se nos abriera el camino de la fe en Cristo, estábamos vigilados por la ley. Nos mantuvo en custodia protectora, por así decirlo, hasta que fuera revelado el camino de la fe. Dicho de otra manera, la ley fue nuestra tutora hasta que vino Cristo; nos protegió hasta que se nos declarara justos ante Dios por medio de la fe. Y ahora que ha llegado el camino de la fe, ya no necesitamos que la ley sea nuestra tutora. Pues todos ustedes son hijos de Dios por la fe en Cristo Jesús.
>
> Gálatas 3:23-26 NTV

Ahora, por favor, no me malinterpretes. No estoy sugiriendo que las leyes de Moisés ya no sean vigentes para nosotros puesto que sí lo son. Después de todo, Jesús expresó que no vino a destruirlas, sino a cumplirlas (ver Mateo 5:17). Cuando él vino, la norma cambió la ley mosaica por todo lo pertinente a su santidad.

Para ilustrar mi punto, pienso en un paraguas, ese bendito objeto que nos protege de la lluvia. En el Antiguo Testamento, el paraguas era la ley, que protegía del pecado a quienes vivían de acuerdo con ella. Pero ahora, debido a la venida de Cristo Jesús, ya no necesitamos vivir bajo el paraguas de la ley, ya que su muerte en la cruz nos protege del pecado. De hecho, incluso podríamos decir que ahora estamos bajo la sombra de la cruz; porque es la cruz la que se ha convertido en nuestro paraguas, no la ley, y es la cruz la que nos protege de la lluvia que ahora es el imperio del pecado.

Sin embargo, insisto, el hecho de que él cumpliera la ley en realidad no la eliminó por completo. En todo caso, llevó ciertas partes de la ley a un nivel completamente nuevo. En el Sermón del Monte, Jesús predicó:

> "Ustedes han oído que *se dijo [en la ley]:* 'No cometas adulterio'. *Pero yo les digo* que cualquiera que mira a una mujer y la codicia ya ha cometido adulterio con ella en el corazón".
>
> Mateo 5:27-28, énfasis añadido

> "Ustedes han oído que *se dijo [en la Ley]:* 'Ojo por ojo y diente por diente'. *Pero yo les digo:* No resistan al que les haga mal. Si alguien te da una bofetada en la mejilla derecha, vuélvele también la otra".
>
> Mateo 5:38-39, énfasis añadido

La ley también dice que debes ir una milla cuando alguien te lo pida, pero Jesús dice que debes ir una milla adicional (ver Mateo 5:40-41). Jesús a menudo fortaleció las partes de la ley que eran universales y atemporales (como "no cometerás adulterio" o "no matarás"), pero las partes de la ley que eran culturales (como comer perros calientes o usar una camisa de mezcla de poliéster y algodón), las dejó para una aplicación personal. Esto se afirma en la narrativa a los de Galacia:

> En Cristo Jesús de nada vale estar o no estar circuncidados [la circuncisión no es una ley moral eterna, sino una ley cultural o civil]; lo que vale es la fe que actúa mediante el amor.
>
> Gálatas 5:6

Quizás hoy podríamos incorporar esto: "Porque en Cristo Jesús no vale nada el consumo ni la abstención de cerdo, sino la fe que obra por el amor". Las decisiones sobre lo que comemos o lo que vestimos o incluso el o los días que elijamos para adorar a Dios son de menor importancia, ya que estas no son leyes morales universales ni atemporales. La diferencia se vuelve clara si inyectas una ley moral universal o atemporal en esta Escritura, porque simplemente no funciona: "Porque en Cristo Jesús ni el asesinato ni el no matar valen nada, sino la fe que obra por el amor".

Cuando tratamos de decidir qué es o no una verdad moral atemporal, la conclusión es simple: nuestras vidas, independientemente de las construcciones culturales y las normas sociales, siempre deben estar subordinadas al Espíritu de Dios. Vivimos bajo la protección superior de nuestro paraguas. Así es como nuestro acceso a la vida de gracia del Espíritu de Cristo deja atrás la ley de Moisés.

Presencia

Cuando nos referimos a la "presencia de Dios", apuntamos a la Persona del Espíritu Santo. Aunque algunos cristianos tienden a hablar del Espíritu Santo como refiriéndose a "eso", el Espíritu Santo no es algo que se use, sino una Persona que se debe conocer. Es más que una fuerza; es un amigo.

¿Qué distingue a una persona de una cosa? Alguien podría decir que "la vida", pero incluso las plantas y los árboles tienen vida. La diferencia entre plantas, árboles y seres humanos es el *alma*: la mente, la voluntad y las emociones. Al igual que nosotros, el Espíritu Santo tiene mente (pensamientos), voluntad (deseos) y emociones (sentimientos). Así es como sabemos que él posee una mente: "El [Jesús] que escudriña los corazones, sabe cuál es la mente del Espíritu, porque intercede por los santos según la voluntad de Dios" (Romanos 8:27).

Dado que el Espíritu Santo tiene mente, ¿cuál sería su coeficiente intelectual? En realidad, no lo tiene. La fórmula conocida como cociente de inteligencia mide la capacidad de razonamiento, pero su inteligencia no se puede medir, porque el Espíritu de Dios lo sabe todo y cuando sigo que todo, es todo. Solo piensa en lo siguiente: nosotros, como cristianos, tenemos a Alguien viviendo en el interior que sabe todo sobre todo.

El Espíritu Santo tiene mente y voluntad. Si alguna vez has orado: "Señor, muéstrame lo que quieres que haga", has reconocido que él tiene ciertos deseos y has invitado al Espíritu Santo para que te haga conocer esos deseos, para que puedas ser lo que él quiere que seas, para que hagas lo que él quiere que hagas y vayas a donde él quiera que vayas. Así fue como Pablo y Silas pudieron obedecer al Espíritu: "Atravesaron la región de Frigia y Galacia, ya que *el Espíritu Santo les había impedido* que predicaran la palabra en la provincia de Asia" (Hechos 16:6, énfasis añadido).

Y debido a que el Espíritu de Dios tiene emociones, se nos dice: "No entristezcan al Espíritu Santo de Dios con la forma en que viven. Recuerden que él los identificó como suyos, y así les ha garantizado que serán salvos el día de la redención" (Efesios 4:30). ¿Qué pasa si dices algo que ofende a otra persona? La persona puede retraerse debido a que heriste sus sentimientos. Algo similar puede ocurrir con el Espíritu Santo como resultado de nuestras palabras o acciones. Si le causamos dolor, él puede apartarse de nosotros y podemos perder la intimidad con él.

Nuestro objetivo es construir una relación con él y una de las formas en que podemos hacerlo es desarrollar un anhelo por él.

Desarrolla el anhelo por el Espíritu

Tú persigues lo que te gusta, ¿no es cierto? Si te gustan ciertos alimentos, los perseguirás. Creo que, si pudiera existir el "don espiritual de la comida", yo particularmente lo tendría. Siempre tengo ciertos alimentos en mi itinerario porque he desarrollado un gran apetito por ellos.

Starbucks aparece en mi itinerario matutino porque he adquirido un gusto especial por los cafés helados *macchiatos* con un ligero rociado de caramelo. Cuando voy a Santa Clarita, California, tengo cierto camión de tacos en mi itinerario porque sirve los mejores tacos de pollo que he comido en mi vida. Por otra parte, nunca volví a ser el mismo después que probé la lasaña de mi esposa por primera vez; parecía que mi paladar quería ordenarle a mi cerebro hasta cansarlo para que le obedeciera. *Macchiatos de caramelo, tacos de pollo, lasaña,* todos esos alimentos siguen siendo parte constante de mi itinerario y de mi vida.

Así que, aquí va la pregunta: ¿Ponemos al Espíritu Santo en nuestro itinerario así como ponemos cosas que pensamos que son muy importantes? ¿Tenemos un anhelo o apetito por Dios Espíritu Santo que coincide con nuestro amor por Dios Padre y Dios Hijo? Para acceder a su presencia (lo que he denominado descargar el App Dios), debemos desarrollar deliberadamente el gusto por el Espíritu Santo.

Desarrolla la dependencia del Espíritu

A veces, las personas pueden tener la idea de que no necesitan la presencia de Dios. Piensan que son algo poderosos por sí mismos, como el pájaro carpintero que estaba picoteando un árbol cuando un rayo cayó y lo partió por la mitad. Mientras el pájaro carpintero volaba, se volteó y dijo: "¡Mira lo que hice!".[3] A menos que establezcamos una asociación continua con el Espíritu Santo, tendremos una imagen distorsionada de lo que realmente podemos lograr; además, nuestras limitaciones nos impedirán experimentar la presencia de Dios en nuestras vidas.

¿Sabías que como seguidor de Cristo puedes vivir con el conocimiento seguro de que Dios está contigo dondequiera que vayas? Puedes llegar a un punto en tu relación con Dios en el que sientas su presencia todo el tiempo. En casa, puedes sentarte a la mesa y sentir que él está contigo. Cuando conduces por tu vecindario, puedes sentir que él está en el automóvil contigo. Cuando vives dependiendo del Espíritu Santo, puedes aquietar tu corazón en cualquier momento, permitiendo que su presencia inunde tu conciencia.

Lamento decirlo, pero algunas personas prefieren acceder a él como si fuera solo su aplicación de transporte. Se acercan a él para que los salve en un momento de crisis o simplemente cuando no saben cómo ir de un lugar a otro. Abren su *app* solo cuando sienten que lo necesitan, en vez de dejar sus servicios de ubicación encendidos continuamente (como si dijeran: "Espíritu Santo, te necesito en todo momento y no puedo hacer nada sin ti").

Hace poco, alguien me preguntó: "¿Cómo puede usted servir siendo obispo presidente de toda una denominación?". A decir verdad, servir como el líder principal de la denominación "Pentecostal Church of God" en casi setenta naciones sigue siendo una tarea abrumadora. La pregunta era válida, pero la única respuesta que pude dar fue: "Dependo completamente del Espíritu Santo".

Muchas veces, antes de compartir la Palabra en forma de sermón, me arrodillo y ofrezco una oración junto con los asistentes. El gesto no es un mero ritual sin una razón; es mi forma de acceder a la presencia del Espíritu Santo y someterme a su voluntad en ese momento.

Nuestros cuerpos físicos pueden sobrevivir semanas sin comida y días sin agua, pero solo minutos sin aire. De la misma manera, sin el soplo del Espíritu Santo, no sobreviviremos. Solo su presencia nos sostendrá y empoderará.

Ora para que el Espíritu te use

Por último, a medida que aprendamos a acceder a la presencia del Espíritu Santo, oraremos para que él nos use. ¿Qué cambiaría durante los próximos siete días si le pidieras al Espíritu Santo que te usara? ¿Qué comenzarías a ver con más frecuencia en tu vida?

Debido a que la Biblia llama al Espíritu Santo Consolador, sabemos que tenemos la capacidad de consolar a otras personas con más fervor. Al ser guiados por él, su consuelo reinaría en nuestra vida diaria y el nivel de tensión en nuestra esfera de influencia puede comenzar a disminuir. Si consoláramos a otros, experimentaríamos muchas más bendiciones que estrés.

También nos encontraríamos en mejores condiciones para guiar a las personas a la verdad, porque el Espíritu Santo guía a toda verdad (ver Juan 16:13). Nuestras voces, manos y pies representarían a Jesús en carne humana y presentarían a otros la verdad del reino.

De vez en cuando le digo en broma a mi esposa, Kimberly, que la voz de Dios en nuestro hogar se parece mucho a la de ella. Con una carcajada, declararé que cuando llegue al cielo, espero que la voz de Dios se parezca mucho a la de ella también. Por supuesto, lo digo en broma, pero es cierto que al Espíritu Santo le encanta usar nuestras voces como una representación de la voz de Dios aquí en la tierra para guiar a otros a la verdad. Nos convertimos en la expresión viva y que respira de un reino invisible para un mundo visible. Nos convertimos en un espectáculo de luces o de fuegos artificiales para el mundo.

Poder de Dios

El poder de Dios en la vida de todo cristiano es central, no secundario. El propio Jesús afirmó esto a sus discípulos cuando declaró:

> "Ahora voy a enviarles lo que ha prometido mi Padre; pero ustedes quédense en la ciudad hasta que sean revestidos del poder de lo alto".
>
> Lucas 24:49

> "Pero, cuando venga el Espíritu Santo sobre ustedes, recibirán poder y serán mis testigos tanto en Jerusalén como en toda Judea y Samaria, y hasta los confines de la tierra".
>
> Hechos 1:8

> "Me refiero a Jesús de Nazaret: cómo lo ungió Dios con el Espíritu Santo y con poder, y cómo anduvo haciendo el bien y sanando a todos los que estaban oprimidos por el diablo, porque Dios estaba con él".
>
> Hechos 10:38

Accede al poder sobrenatural de Dios

Algunas personas optan por creer que el poder sobrenatural de Dios desapareció con los primeros cristianos, pero son incapaces de explicar los milagros que todavía ocurren en los tiempos actuales. En Brasil, no hace mucho, un hombre de mediana edad lloró ante mí mientras me contaba la historia de cómo su madre de 74 años se curó prodigiosamente de un cáncer de mama en etapa avanzada. Los médicos no pudieron explicar cómo habían regresado las radiografías sin siquiera un signo de la existencia del cáncer. Ahora, debido a ese milagro, él y sus dieciséis hermanos y hermanas han entregado sus vidas a Cristo.

Yo mismo he experimentado el poder sanador de Dios. Durante casi veinte años, sufrí un sarpullido incómodo en mis manos y mis pies. Visité numerosos médicos y me recetaban todo tipo de cremas. Algunas me quemaban y otras me calmaban, pero nunca me curé. Finalmente, decidí que todas las mañanas, mientras me duchara, agradecería a Dios por mi curación. En seis semanas, ese problema que me había atormentado durante dos décadas desapareció y abandonó mi cuerpo. Historias como estas no pueden descartarse.

A menudo, cuando digo que soy cristiano pentecostal, la gente queda perpleja o me cataloga como uno de esos fanáticos que hablan en lenguas, pero eso no es realmente lo que significa el pentecostalismo. Vivir como cristiano pentecostal significa que creo que Jesús todavía hace las mismas cosas hoy que hizo cuando anduvo por la tierra. En el siglo veintiuno, Jesucristo todavía salva, sana, libera, empodera y llama a las personas, tal como lo hizo en el primer siglo.

En el día de Pentecostés (ver Hechos 2), Dios les presentó una nueva forma de vida a los seguidores de Cristo: colocó el poder del Espíritu Santo en el centro mismo de la fe y la práctica de la iglesia. La proclamación del evangelio se confirmó mediante señales y prodigios, y la iglesia nació como un pueblo sobrenatural más que como uno común y corriente.

Por desdicha, el simple hecho de hablar de cosas sobrenaturales no cambiará al mundo. La única forma en que este se puede cambiar es mediante el estilo de vida sobrenatural del pueblo de Dios. En otras palabras, un evangelio superficial y que solo habla es impotente; la verdadera reforma y la nueva vida vienen solo a través de un evangelio sobrenatural.

En general, es cierto que algunas personas buscan la presencia del Espíritu Santo solo porque quieren tener acceso a su poder. Pero la verdad es que Dios no muestra su poder para hacer un espectáculo, sino exclusivamente para hacer crecer su reino. Su poder no está a la disposición de nadie para "ponerlo en un estante" sino para superarse a sí mismo. Podemos acceder a la poderosa presencia de Dios cuando nos comprometemos a perturbar al reino de las tinieblas, tomando en serio las palabras de Jesús:

> "Estas señales acompañarán a los que crean: en mi nombre expulsarán demonios; hablarán en nuevas lenguas; tomarán en sus manos serpientes; y, cuando beban algo venenoso, no les hará daño alguno; pondrán las manos sobre los enfermos, y estos recobrarán la salud".
>
> Marcos 16:17-18

"Estas señales acompañarán a los que creen". La fe es la clave. No logramos acceder al poder de Dios de manera efectiva porque no creemos que podamos ver que sucedan las mismas cosas en el siglo veintiuno que en el primero. Debido a que han escaseado las señales y las maravillas, sobre todo en el mundo occidental, nos han faltado pruebas del poder de Dios. Aun así, el mayor peligro para el cristianismo actual no es necesariamente descartar el poder de Pentecostés a través de la incredulidad, sino acceder al poder de Pentecostés de manera negligente. ¡Imagínate lo que pasaría si solo creyéramos!

Accede al poder de Dios para testificar

Viajé a Nueva Orleans, Luisiana, en 2018 para asistir a una serie de reuniones con las Iglesias Carismáticas Pentecostales de América del Norte (PCCNA, por sus siglas en inglés), una organización cristiana dedicada a la colaboración entre varias denominaciones llenas del Espíritu. Las denominaciones pentecostales y carismáticas más grandes del mundo estuvieron representadas en esas reuniones, y cada organización, independientemente de su tamaño, trajo como representante a un líder joven de veintitantos años.

En ese momento, aproximadamente veinte jóvenes líderes estuvieron presentes en un foro de discusión y se les preguntó: "¿Qué es lo que más los frustra en lo que respecta a la iglesia?". La respuesta de ellos fue profunda y conmovedora: "Nos frustran los líderes pentecostales que predican sobre el poder pentecostal pero no lo modelan. Predican sobre señales y prodigios, pero no los ven en acción. Predican acerca de ganar a los perdidos, pero ellos mismos no ganan a nadie y ni siquiera los llevan a la iglesia". Entonces preguntaron: "¿Por qué nuestros líderes no ganan a nadie para el Señor ni los conectan con el reino?". Me conmovió tanto lo que dijeron que necesité varias semanas para procesar sus respuestas.

A lo largo del siglo veinte, el movimiento pentecostal se llamó a sí mismo un movimiento del Evangelio Completo o del Evangelio Quíntuple. La idea era que su metodología abarcaría los cinco aspectos siguientes: salvación, santificación, empoderamiento del Espíritu Santo, sanidad divina y la Segunda Venida de Cristo. Por desdicha, muchos pentecostales de hoy han vacilado y los cristianos, en general, ahora tienden a retirarse a las sombras debajo de sus campanarios porque no les han presentado a nadie a Cristo desde que Noé estaba en el arca. Pueden usar un lenguaje espiritual, pero no viven en el poder pentecostal.

El verdadero, genuino y auténtico poder de la iglesia del primer siglo no fue dado para que la gente se uniera, hablara en lenguas en una reunión de adoración y se sintiera bien al respecto; se les dio para ganar a los perdidos, expandir el reino y poner al mundo patas arriba. ¿Es posible que tengamos demasiados cristianos que exageran las *emociones* de Pentecostés, pero que no viven las *expresiones* de Pentecostés? ¿Cuántos enfatizan el hablar en lenguas aun cuando no comparten su fe?

Si esperamos volver a ser dotados de mayor poder, debemos hacer más que simplemente celebrar una experiencia de adoración dominical. Debemos comenzar a testificar en el mercado durante toda la semana. Debemos comenzar a ofrecer un evangelio completo a un mundo vacío.

Sabemos que la Biblia nos enseña a recibir su poder para testificar. Por lo tanto...

- ¿Por qué seguir hablando de las cosas que Jesús hizo en el primer siglo sin andar en las cosas que Jesús está haciendo en este siglo presente?
- ¿Por qué afirmar que seguimos el Gran Mandamiento, es decir, que procuramos amar a Dios y a nuestro prójimo como nos amamos a nosotros mismos (ver Mateo 22:36-39), cuando ni siquiera conocemos el nombre de nuestro vecino más cercano?
- ¿Por qué querríamos predicar tres mil sermones para ganar una persona para Cristo en vez de uno para ganar tres mil?
- ¿Por qué hablar sobre la presencia y el poder del Espíritu Santo si no vivimos en la presencia ni bajo el poder del Espíritu Santo?

En última instancia, no deberíamos querer acceder a su presencia y su poder para tener una experiencia especial, sino para acelerar el ritmo misional del reino constantemente.

Accede al poder de Dios para comunicarte

Cuando accedamos al poder de Dios, nuestra capacidad para comunicarnos con él y con los demás aumentará. La

Biblia es clara en cuanto al hecho de que cuando la gente habla en lenguas o en un lenguaje espiritual, no es un simple "balbuceo" lo que evocan en sus mentes. No están en una especie de trance hipnótico, murmurando un galimatías extraño o una palabrería vudú. El lenguaje espiritual es una idea de Dios, no del hombre; es un plan celestial, no una trama humana; ¡es una bendición divina, no una plaga demoníaca!

La Escritura aclara la diferencia entre hablar en lenguas conocidas y desconocidas:

> Cuando llegó el día de Pentecostés, estaban todos juntos en el mismo lugar. De repente, vino del cielo un ruido como el de una violenta ráfaga de viento y llenó toda la casa donde estaban reunidos. Se les aparecieron entonces unas lenguas como de fuego que se repartieron y se posaron sobre cada uno de ellos. Todos fueron llenos del Espíritu Santo y comenzaron a hablar en diferentes lenguas, según el Espíritu les concedía expresarse.
>
> Hechos 2:1-4

Debido a que estos acontecimientos ocurrieron durante una semana de fiesta judía en la que estuvieron presentes personas de todo el mundo conocido, el hecho de que pudieran escuchar a personas hablando en sus propios idiomas (y reconocieron que los hablantes no podían haber aprendido ninguno de ellos) fue un testimonio inspirador del poder del Espíritu Santo para comunicar el mensaje de Dios. Dios usó eso para dar a luz a la iglesia. El Espíritu ayudó a Pedro a explicarle a la multitud lo que estaba sucediendo, y tres mil personas llegaron a la fe en Cristo ese día (ver Hechos 2:14-41).

Puedo decir por experiencia propia que Dios todavía permite que las personas hablen en idiomas conocidos milagrosamente. Durante uno de mis viajes a Manaos, Brasil, oré en lenguas y en forma extensa por la gente al final de la reunión de adoración. Después, una joven me envió un mensaje de Facebook diciendo: "¿Sabe portugués?" (que es el idioma oficial de Brasil). Por supuesto que no sé portugués, como lo demuestra el hecho de que había necesitado un intérprete para predicar el mensaje esa noche. Ella continuó: "Cuando oró por mí, me dijo que Dios se estaba preparando para abrirme una puerta en Chile, y que yo debía decir que sí y cruzar esa puerta". Había orado por ella en lo que había percibido como un idioma desconocido, pero Dios me había usado para hablar en un idioma conocido para dirigir la vida de esa mujer.

De vez en cuando, Dios usa el hablar en lenguas con idiomas conocidos para comunicarse con la gente y llevar a cabo sus propósitos, pero más a menudo usa el hablar en lenguas con idiomas desconocidos para comunicarse solamente con él. Vemos ejemplos de esto en el Nuevo Testamento. Mira lo que pasó en estas dos ocasiones con Pedro y Pablo:

> Mientras Pedro estaba todavía hablando, el Espíritu Santo descendió sobre todos los que escuchaban el mensaje. Los defensores de la circuncisión que habían llegado con Pedro se quedaron asombrados de que el don del Espíritu Santo se hubiera derramado también sobre los gentiles, pues los oían hablar en lenguas y alabar a Dios.
>
> Hechos 10:44-46

> Pablo les explicó: El bautismo de Juan no era más que un bautismo de arrepentimiento. Él le decía al pueblo que creyera en el que venía después de él, es decir, en Jesús. Al oír esto, fueron bautizados en el nombre del Señor Jesús. Cuando Pablo les impuso las manos, el Espíritu

Santo vino sobre ellos, y empezaron a hablar en lenguas y a profetizar.

Hechos 19:4-6

Ninguno de estos pasajes se refiere a "otras lenguas" o idiomas conocidos, como fue el caso en Hechos 2, porque en esas situaciones los gentiles no necesitaban hablar en un idioma conocido para que otras personas de todo el mundo escucharan y entendieran. Al contrario, están hablando en un tipo diferente de idioma, que Pablo describe de la siguiente manera:

> Porque el que habla en lenguas no habla a los demás, sino a Dios. En realidad, nadie le entiende lo que dice, pues habla misterios por el Espíritu.
>
> 1 Corintios 14:2

> Pues, si alguien tiene la capacidad de hablar en lenguas,[a] le hablará solamente a Dios, dado que la gente no podrá entenderle. Hablará por el poder del Espíritu, pero todo será un misterio.
>
> 1 Corintios 14:2 TLA

Ni el hablante ni el oyente entienden el idioma, pero Dios sí. Esto me hace pensar en una apreciada dama que conocí cuando servía como pastor en Valencia, California. Ella era fiel en su asistencia a la iglesia incluso después de que perdió la capacidad de hablar, en 1996. Sufría tanto de apraxia como de afasia, lo que significaba que ya no podía usar la lengua ni los labios para pronunciar las palabras que debían salir de su boca. En muchas ocasiones, ella tomaba mi rostro entre sus manos y, con un amor asombroso en su mirada, pronunciaba una serie de sonidos guturales. Sabía exactamente lo que quería decir u orar, pero no podía decirlo de manera inteligible. Cuando recuerdo mi experiencia con esa querida hermana, evoco la frecuencia con la que tengo todo tipo de pensamientos y sentimientos que no puedo expresar con palabras; simplemente no sé cómo verbalizarlos. Sin embargo, cuando oro en una lengua desconocida, puedo comunicar todos mis secretos espirituales directamente al corazón de Dios.

Descarga el app Dios

Cuando descargamos la aplicación Dios, accedemos al poder de Dios en cuanto a lo sobrenatural, al poder de Dios para testificar y al poder de Dios para comunicarnos con él y con los demás. Sin embargo, el desafío sigue siendo: ¿Optaremos por vivir esperando milagros o mantras? ¿Con señales, prodigios o con dichos? Nuestro mundo necesita más que discursos motivadores y sermones sobre la modificación de la conducta; necesitamos acceder a la presencia del poder de Dios.

Cuando consideramos la evidencia de las Escrituras, no podemos pasar por alto la conexión entre acceder a la presencia del poder de Dios y hablar por el poder de su Espíritu en idiomas conocidos y desconocidos. Los idiomas conocidos comunican con el resto de los mortales mientras que los idiomas desconocidos comunican directamente con Dios.

Nuestra capacidad para involucrar al Espíritu en nuestras vidas no se basa en la afiliación denominacional. Al contrario, es simplemente una cuestión de acercarse a Dios. Puede que seas católico, episcopal, bautista o presbiteriano y aun así puedes descargar el app Dios. No importa quién seas ni de dónde vengas, la presencia de Dios es accesible para todos los creyentes. Con demasiada frecuencia olvidamos eso. El apóstol Pablo formula esta pregunta a los cristianos gálatas: "¿Tan torpes son? Después de haber comenzado con el Espíritu, ¿pretenden ahora perfeccionarse con esfuerzos humanos?" (Gálatas 3:3).

Como seguidores de Cristo, no comenzamos con la ley; empezamos con el Espíritu. La ley no activó nuestras vidas; el Espíritu nos vivifica. Por tanto, ¿cómo podemos acercarnos más a Dios a menos que busquemos a la persona del Espíritu Santo y nos relacionemos con él? Se nos ha prometido que nuestra búsqueda tiene garantizados unos resultados fructíferos y que lo lograremos. Solo después de intentarlo denodadamente (algo así como una navegación espiritual en internet) lo encontraremos. Entonces, todo lo que tenemos que hacer para acceder a la presencia de su poder es decir que sí con un clic virtual en las palabras *Descarga el app Dios*.

RETO personal

Si has desarrollado un gusto por la langosta, el cóctel de camarones o el *mousse* de chocolate, te esforzarás por conseguirlos. En lo que respecta a Dios, cada uno de nosotros que ha invocado el nombre de Cristo Jesús debería desarrollar un apetito, un anhelo, un hambre y una sed crecientes, por la vida del Espíritu. A medida que desarrollemos el deseo por el Espíritu, él encontrará formas de conectarse con nosotros directamente y de manera constante.

En una interesante aplicación de este concepto, el apóstol Pablo dijo: "Si vivimos por el Espíritu, andemos también por el Espíritu" (Gálatas 5:25). ¿Por qué haría Pablo una distinción entre vivir en el Espíritu y caminar en el Espíritu, a menos que haya una? ¿Por qué implicaría que hay algo más si no lo hay? Él no quiere que nos conformemos con lo que podríamos llamar "vivir en el Espíritu" cuando simultáneamente podemos caminar junto a Dios y experimentar una mayor cercanía con él.

Tu desafío personal es seguir y descargar el app Dios, por medio del cual puedes "Acceder a la Presencia del Poder de Dios" y bloquear al enemigo. Esta es la promesa personal de Dios para ti: "*Cuando* el Espíritu Santo haya venido sobre ti…" (Hechos 1:8, énfasis añadido).

REFLEXIÓN personal

1. ¿Cómo compararías el tiempo que pasas con los apps de tu teléfono inteligente con el que pasas con Dios?
2. ¿Notas la lucha interna entre la lujuria de la carne y la vida del Espíritu? ¿Cómo crees que ayudaría acceder a la presencia del poder de Dios?
3. ¿Cómo te ayudó la sección de este capítulo "Deja atrás la ley de Moisés" en tu travesía espiritual?
4. ¿Cómo estás desarrollando tu apetito por el Espíritu Santo y orando para que él te use?
5. ¿Qué piensas respecto a tu búsqueda personal del Espíritu Santo para que tengas la capacidad de ver más poder sobrenatural, de modo que testifiques y te comuniques con Dios?

ORACIÓN personal

Padre celestial, necesito desesperadamente tener acceso a la presencia de tu poder. Necesito una relación personal con la persona del Espíritu Santo. Ahora mismo, te invoco y soy consciente de que estás escuchándome. Espíritu Santo, ven y dame poder para ser una expresión tangible de tu reino invisible. Permíteme acceder a tu poder sobrenatural, tu poder para testificar y tu poder para comunicar tu mensaje de una manera más eficaz. Ayúdame a tener el valor de acercarme a ti, de acortar la distancia entre tú y yo. Amén y amén.

RETO colectivo

El llamado a descargar el app Dios es una invocación a buscar al Espíritu Santo. Su asociación constante nos permite acercarnos más a Dios. Permite que esa búsqueda intencionada promueva e inicie una discusión colectiva.

1. Comenta tus reflexiones sobre la comparación entre el tiempo que pasas con tu teléfono inteligente y el tiempo que pasas con Dios.
2. ¿Qué piensas acerca de la siguiente declaración: "El Espíritu Santo es una Persona que se debe conocer más que una cosa para usar"?
3. Analiza las siguientes instrucciones:
   a. Bloquea la lujuria de la carne para que el Espíritu Santo gane la guerra entre los deseos de la carne y la vida del Espíritu.
   b. Dejemos atrás la ley para que el Espíritu Santo pueda ofrecernos libertad y así reemplazar las leyes culturales restrictivas.
4. ¿Cómo estás desarrollando tu apetito por el Espíritu Santo y cómo estás orando para que él te use?
5. Analiza los siguientes aspectos de caminar en el Espíritu:
   a. Accediendo al poder de Dios en cuanto a lo sobrenatural.
   b. Accediendo al poder de Dios para testificar.
   c. Accediendo al poder de Dios para comunicarte con Dios.
   d. Accediendo al poder de Dios para "andar en el Espíritu".

5

Cuidado con la brechactividad

"Si mi pueblo, que lleva mi nombre, se humilla y ora, y me busca y abandona su mala conducta, yo lo escucharé desde el cielo, perdonaré su pecado y restauraré su tierra".

2 Crónicas 7:14

Tan pronto como el rey Salomón dijo amén en su oración de dedicación por el templo recién construido, un rayo de fuego cayó en picada hacia la tierra y llenó el templo con un estallido de gloria. Qué entrada más apoteósica para Dios, ¡una verdadera interrupción divina! Ojalá hubiera estado allí como observador para ver las reacciones de los sacerdotes mientras se paralizaban en su camino de gloria, incapaces de entrar al edificio. Toda la congregación se vio obligada a postrarse, con la frente hacia el suelo, en presencia del divino fuego de gloria.

En lo que respecta a las celebraciones, esa fue una extra-vagancia nacional. Y aunque no podemos estar seguros de su índice de audiencia, sabemos que fue un tipo de actividad en la que había unas 22.000 vacas y unas 120.000 ovejas, probablemente el evento más grande en la historia nacional de Israel.

La fiesta duró dos semanas. Finalmente, cuando comenzó a dispersarse, Dios se le apareció al rey Salomón y señaló la letra pequeña de su nuevo convenio de vivienda. Como nuevo inquilino de su templo, Dios quería asegurarse de que su pueblo entendiera el contrato. Su declaración fue algo como lo siguiente:

> "He escuchado tu oración, y he escogido este templo para que en él se me ofrezcan sacrificios".
>
> 2 Crónicas 7:12

Hasta aquí, todo bien.

> Cuando yo cierre los cielos para que no llueva, o le ordene a la langosta que devore la tierra, o envíe pestes sobre mi pueblo...
>
> 2 Crónicas 7:13

Hasta aquí, todo no va tan bien.

¿Puedes imaginarte los pensamientos de Salomón en ese momento? "Dios, acabamos de pasar dos semanas aclamándote mientras te mudabas a tu casa. Ahora nos adviertes sobre la sequía y la pestilencia que se avecinan. ¿Por qué permitirías eso?". Sin duda, fue porque el Dios soberano quería asegurarse de que Salomón supiera que él era absolutamente supremo. El Dios todopoderoso quería familiarizar a Salomón con el poder de la interrupción divina. Le mostró lo que sucede cuando su pueblo "no tiene cuidado con la brecha" en lo que respecta a su distancia espiritual de él.

La frase "cuidado con la brecha" fue acuñada por el Metro de Londres a finales de los años sesenta, cuando automatizaron su sistema de transporte subterráneo. Ahora se usa para los sistemas de tránsito en todo el mundo para recordarles a los pasajeros que existe una brecha espacial potencialmente insegura entre el tren y la plataforma de la estación.[1] Así que tomé la idea de tener cuidado con la brecha y la combiné con la palabra *actividad* para formar un nuevo término: *brechactividad*. Esto se refiere a la brecha o distancia espiritual que puede desarrollarse entre Dios y nosotros, incluso después de haber experimentado expresiones tangibles de su presencia; una brecha que llenamos con una sobrecarga de actividades diarias. ¿Con qué frecuencia puede deformar, la velocidad vertiginosa de nuestras vidas activas, nuestras almas?

Como cristianos, incluso podemos tratar de cerrar la distancia entre Dios y nosotros intentando tener éxito en la vida a pesar del hecho de que nuestras almas están desconectadas de él. Con demasiada facilidad, podemos interpretar nuestros éxitos y victorias como indicaciones de la presencia y la bendición de Dios. Cuando nosotros, con el pueblo de Dios, acabamos de disfrutar de un evento de 22.000 vacas y 120.000 ovejas, o cuando la gloria de Dios se ha revelado en la iglesia, es fácil declarar: "Dios es grande y bueno; démosle gracias por nuestros alimentos". Pero cuando comenzamos a experimentar sequías, devastación y enfermedades, nos enfrentamos a la guerra del alma. Los saltamontes que se estrellan en nuestros parabrisas espirituales nos recuerdan que el polvo está soplando, las langostas atacan y la gente se está muriendo. ¿Dónde está Dios entonces?

Aunque la dedicación del templo fue un gran éxito, Dios estaba comenzando a preparar a Salomón y a su pueblo para que "tuvieran cuidado con la brechactividad". Así que emitió un desafío que presentaba una relación condicional con él:

> "*Si* mi pueblo, que lleva mi nombre, se humilla y ora, y me busca y abandona su mala conducta, *[entonces]* yo lo escucharé desde el cielo, perdonaré su pecado y restauraré su tierra".
>
> 2 Crónicas 7:14, énfasis añadido

Para cerrar la distancia entre Dios y nosotros, debemos entrar en una cooperación sagrada con él. La interrupción inicial le pertenece a él mientras que la respuesta nos corresponde a nosotros. Cuando él interrumpe nuestras vidas y nos invita a una sociedad personal, proporciona condiciones, desafíos y consecuencias para ayudarnos a tener éxito.

En este caso, las pautas fueron bastante claras:

La *condición*: "Si mi pueblo, que lleva mi nombre..."

El *reto*: "... se humilla y ora, y me busca y abandona su mala conducta..."

La *consecuencia*: "... [entonces] yo lo escucharé desde el cielo, perdonaré su pecado y restauraré su tierra".

La condición

("Si mi pueblo, que lleva mi nombre...") Dios presenta los beneficios de la relación con él dejando en claro que debemos identificarnos con su familia y su nombre. Debemos declarar que le pertenecemos legítimamente, lo que significa que reconocemos su soberanía, encontrando nuestro hogar en su cuidado.

Mis dos hijos y mi hija son conocidos como "mis" hijos porque mi esposa y yo hemos asumido la propiedad y la responsabilidad de ellos. Ellos reconocen que dondequiera que se encuentren mamá y papá, están en la casa de ellos. En casa, tienen acceso a los recursos que satisfacen todas las necesidades identificables. Cuando tienen hambre y sed, no esperan que nadie más les compre alimentos; mamá y papá se lo proporcionarán. Si necesitan un par de zapatos, no buscarán que nadie más los compre porque mamá y papá siempre lo harán. Están en casa con nosotros, por lo que mi esposa y yo asumimos toda la responsabilidad de ellos.

De la misma manera, cuando nos identificamos como parte de la familia de Dios (o pueblo de Dios), nuestro Padre Dios se apropia y se responsabiliza de nosotros. Él permanece deliberadamente comprometido con nuestro cuidado. "Así que mi Dios les proveerá de todo lo que necesiten, conforme a las gloriosas riquezas que tiene en Cristo Jesús" (Filipenses 4:19). Él se convierte en nuestro Padre soberano y siempre nos sentimos como en casa, confiados en él.

Y como parte de su familia, llevamos su nombre. En el Antiguo Testamento, el nombre de Dios era indecible. Se consideraba tan sagrado que los rabinos y los sacerdotes comúnmente se referían a Dios como Adonai, que significa "Mi Señor", y cuando necesitaban escribir su nombre, casi siempre omitían sus vocales. Los rollos antiguos se refieren a Dios como Y-H-W-H. En su esfuerzo por mantener sagrado el nombre oficial de Dios, los hebreos desarrollaron muchos nombres para él con el tiempo, por ejemplo, "Hashem", que literalmente significa "el Nombre".

Sin embargo, en el Nuevo Testamento se introdujo un nuevo nombre para el pueblo de Dios. El apóstol Pablo registra lo siguiente:

Y, al manifestarse como hombre, se humilló a sí mismo y se hizo obediente hasta la muerte, ¡y muerte de cruz! Por eso Dios lo exaltó hasta lo sumo y le otorgó el nombre que está sobre todo nombre, para que ante el nombre de Jesús se doble toda rodilla en el cielo y en la tierra y debajo de la tierra, y toda lengua confiese que Jesucristo es el Señor, para gloria de Dios Padre.

Filipenses 2:8-11

Cuando Jesús, el Cristo, apareció ante la humanidad, se presentó un nombre que cambió el curso de la historia humana. Y cuando fue exaltado al cielo, ese nombre recibió su autoridad legítima sobre todo nombre. "Muy por encima de todo gobierno y autoridad, poder y dominio, y de cualquier otro nombre que se invoque, no solo en este mundo, sino también en el venidero" (Efesios 1:21). En palabras del conocido himno, "¡Aclamad el poder del nombre de Jesús! Que los ángeles caigan postrados; traed la diadema real y coronadlo como Señor de todo".

Cuando declaramos que somos parte del pueblo de Dios, reconocemos su soberanía, su posición como Rey. Y cuando aceptamos su nombre sagrado, Jesucristo, también reconocemos su autoridad: su poder como Señor. Por eso, nosotros, como niños pequeños, podemos vivir en completa paz, seguros de que estamos como en casa con él.

El reto

("… se humilla y ora, y me busca y abandona su mala conducta…") Las palabras clave aquí son "humildad", "hambre" y "santidad", y resumen el desafío de Dios para nosotros como sus hijos e hijas. Permíteme explicarte a qué me refiero.

En lo particular, me encantan los desafíos. Si quieres motivarme, solo dime que no puedo hacer algo. Cuando entré por primera vez a la universidad como estudiante de primer año, uno de mis profesores de música me dijo que no podía cantar lo suficientemente bien como para seleccionar la música vocal como mi enfoque académico. Agarré su declaración como un desafío y me dediqué con denuedo a superarlo. Al final resultó que me gradué con los más altos honores ofrecidos por el departamento de música. Antes de la ceremonia de graduación, ese mismo profesor reconoció que yo había realizado uno de los mejores recitales vocales en la historia de la universidad hasta ese momento.

Por supuesto, los resultados positivos no están garantizados cuando aceptamos un desafío. Desde una perspectiva optimista, los desafíos nos hacen establecer metas y trabajar duro para lograrlas. Pero, por otro lado, los desafíos pueden obligarnos a lograr esos objetivos por las razones equivocadas.

Aquí, el desafío de Dios a su pueblo establece un triple objetivo de humildad ("si mi pueblo se humilla"), hambre ("y me busca") y santidad ("y abandona su mala conducta").

Humildad

Uno de los principios bíblicos más importantes para preocuparse con la brechactividad sigue siendo este: "Dios se opone a los orgullosos, pero da gracia a los humildes" (Santiago 4:6). Los orgullosos y arrogantes pueden lograr el éxito a través de sus propios esfuerzos, pero solo ampliarán la brecha entre Dios y ellos porque él se opone a ellos.

Dios quiere que dependamos de él. La dependencia de Dios conlleva más que un reconocimiento de nuestra absoluta confianza en él; implica una búsqueda constante. Cada día, debemos buscar en él la fuerza divina y, con su ayuda, apropiarnos de ella.

El primer versículo de la Biblia que memoricé cuando era niño fue: "Todo lo puedo en Cristo que me fortalece" (Filipenses 4:13). Mis padres, que eran pastores en ese tiempo, me paraban en el banco del piano durante el servicio de adoración y me pedían que compartiera Filipenses 4:13. Aunque cuando tenía cuatro años no entendía el alcance total de lo que estaba expresando, sabía que Cristo era —de alguna manera— mi Ayudador en ese momento.

Cuando nos hacemos dependientes de Dios, reconocemos a diario que él nos da poder para hacer cosas más grandes de las que podemos hacer por nuestra cuenta. En realidad, olvidarse de uno mismo es una característica principal de la dependencia de Dios. Cuando nos olvidamos de nosotros mismos, Dios es exaltado y no nosotros, que es el testimonio más grande de todos. Terminamos operando con la mentalidad de que sin Dios estamos a punto de desmoronarnos, a un paso de caer por un acantilado o a un soplo de ahogarnos.

Un día llevé a mi hijo Garrett a almorzar y tuvimos una buena conversación sobre la humildad. Le dije que las personas humildes no necesitan exaltarse a sí mismas, porque Dios las exalta, casi siempre a través de otras personas. Lo animé a que se abstuviera de hablar de sus logros a favor de permitir que Dios y los demás se jactaran de ellos. La Escritura declara: "Humíllense delante del Señor, y él los exaltará" (Santiago 4:10). Garrett "lo entendió". A partir de ese día, comenzó a reconocer que las personas humildes no necesitan contar sus logros porque Dios los dará a conocer. Había aprendido que a veces el mayor paso que podemos dar en dirección a Dios es recordar lo que él ha hecho y olvidar lo que hemos hecho nosotros.

Hambre

Debemos cultivar un hambre espiritual que nos lleve a buscar su rostro. Hace un tiempo, mi esposa y yo vimos una película llamada *Cuarto de guerra*, que ilustraba este principio. La película presenta una narrativa sobre una abuela que le enseñó a una joven cristiana cómo convertir su armario en un cuarto de guerra de oración. En la medida en que la joven persiguió ese desafío a lo largo de la película, comenzó a acortar la distancia entre ella y Dios, de forma que en el camino se restauró su agonizante matrimonio.

Si prestamos atención, aprenderemos por nuestra propia experiencia que nuestra hambre de él conduce a la oración, lo que nos lleva a tener más apetito por las cosas de él. Un estudio de LifeWay sobre la oración pastoral reveló que cuanto más tiempo pasan los pastores en oración, más satisfechos están con su relación con Dios. Aquellos que pasaron alrededor de una hora en oración cada día estaban muy satisfechos, mientras que los que pasaron veinte minutos o menos estaban muy insatisfechos.[2] Aunque este estudio se centró en los pastores, creo que los resultados se verían igual si se aplicaran a cualquier seguidor de Cristo.

La implicación de estos resultados no es necesariamente que los seguidores de Cristo deban pasar una hora o cualquier otra cantidad específica de tiempo en oración cada día, sino que el esfuerzo que dedican a buscar a Dios marca la diferencia. En pocas palabras, las personas que pasan más tiempo en oración cada día tienen una relación más satisfactoria con Dios.

Orar

Nuestro principal desafío con la oración casi siempre implica coherencia y sostenibilidad. ¿Cómo nos involucramos diariamente en la oración? ¿Por qué no intentamos tratar con la oración como una primera respuesta en vez de un último recurso? En resumen, ¿cómo nos aseguramos de que la oración se convierta en una disciplina diaria en nuestras vidas?

Primero, anota a Dios en tu itinerario diario. Así como concretas una cita con un colega o amigo, haz una cita con Dios. Encuentra un momento del día en el que sea más probable que puedas estar a solas con él, para silenciar tu corazón ante él: "Quédense quietos, reconozcan que yo soy Dios" (Salmos 46:10).

Cuando mis hijos estaban creciendo, hubo momentos en los que pensé que debían tener "hormigas en los pantalones"; parecía que no podían quedarse quietos ni siquiera por diez segundos. La mayoría de nosotros hemos desarrollado buenos ritmos para la vida diaria pero, desafortunadamente, esos patrones de actividad pueden presentarnos un problema tipo hormigas en los pantalones cuando se trata de la oración.

John Ortberg dijo una vez: "Un estilo de vida apresurado no tiene que ver con un plan desordenado, sino con un corazón desordenado".[3] En otras palabras, si podemos ordenar nuestros corazones, podremos arreglar nuestros planes y nuestros horarios. La oración no tiene por qué ser demasiado complicada; simplemente cerramos la puerta a nuestras ocupadas agendas y aquietamos nuestros corazones ante él.

En segundo lugar, estudia la Biblia, que es la voz de Dios para cada generación. Reconoce que cuando lees la Palabra de Dios, podrás escuchar mejor la voz de él. Cuando dedicas tiempo a interactuar con la Biblia, abres tu corazón para escuchar la voz de Dios en las decisiones diarias de tu vida.

Por último, escribe tus pensamientos e impresiones acerca de Dios. A eso, a menudo, se le llama llevar un diario. A través de los años, he leído y releído mis pensamientos plasmados en mi diario, y han tenido un impacto en mí una y otra vez. Llevar un diario puede ser una parte maravillosa y valiosa de tu tiempo en oración.

De hecho, es muy posible que descubras que cuando comienzas a concertar citas con Dios para orar, estudiar la Biblia y llevar un diario, tienes un nuevo problema: no tienes *suficiente* tiempo con Dios. Ya no tendrás que lidiar con demasiado tiempo vacío y distraído; ahora sentirás que no tienes suficiente tiempo con Dios.

Por supuesto, no todo este tiempo se sentirá sereno y agradable. Parte de ello se gastará luchando en oración. El apóstol Pablo nos recordó que aun cuando no luchamos con enemigos que son de carne y hueso, Dios nos ha preparado para combatir el mal espiritual en este mundo:

> Porque no luchamos contra gente como nosotros, sino contra espíritus malvados que actúan en el cielo. Ellos imponen su autoridad y su poder en el mundo actual.
>
> Efesios 6:12 TLA

Como en una feroz competencia deportiva, el resultado final a menudo puede reducirse a la cuestión de cuánto queremos ganar en oración. ¿Tienes hambre de Dios? ¿Con qué devoción lo buscas? ¿Qué tan fuerte es tu pasión para unirte a las fuerzas celestiales contra las del infierno? Tú y yo estamos en una lucha de vida o muerte perenne, y solo nuestro Rey puede mantenernos en el bando victorioso. Por lo tanto, debemos tener hambre de orar y buscar su rostro.

Busca su rostro

Cuando hagas de la oración parte del ritmo constante y sostenible de tu vida, empezarás a buscar su rostro de manera natural. Tu oración y tu tiempo devocional pasarán de algo que puedes haber sentido como un deber u obligación a algo que deseas y esperas, un tiempo más íntimo de interacción cara a cara con Dios.

Los psicólogos han utilizado la palabra *sintonía* para describir un fenómeno que ocurre con los bebés.[4] En algún momento del desarrollo temprano de un bebé, este mirará hacia arriba desde la cuna y notará una cara que lo está mirando. El bebé reconocerá que alguien está prestando atención y establece una conexión con esa otra persona. Cuando el bebé sonríe, la otra cara le devuelve la sonrisa. Ciertas expresiones provocan ciertas respuestas.

En el Antiguo Testamento, leemos palabras sobre la bendición de Dios el Padre que suenan similares a esa sintonía: "El Señor te bendiga y te guarde; el Señor te mire con agrado y te extienda su amor; el Señor te muestre su favor y te conceda la paz" (Números 6:24-26). Cada uno de nosotros, como hijos de Dios, puede estar conectado o sintonizado con nuestro Creador. Cuando miramos a lo alto, sentimos que él nos mira. Cuando buscamos su rostro, podemos sentir que su faz resplandece sobre nosotros, creando una atmósfera de paz.

Pablo tomó su propia decisión de buscar el rostro de Dios. Aun cuando estaba encadenado y recluido en una oscura celda de prisión, oró fervientemente por una puerta abierta para predicar la Palabra y expandir la iglesia. Desde su celda de la prisión en Roma, escribió a la iglesia de Colosas:

> Dedíquense a la oración: perseveren en ella con agradecimiento y, al mismo tiempo, intercedan por nosotros a fin de que Dios nos abra las puertas para proclamar la palabra, el misterio de Cristo por el cual estoy preso. Oren para que yo lo anuncie con claridad, como debo hacerlo.
>
> Colosenses 4:2-4

Este era un llamado a la oración ferviente y vigilante.

Es posible que tú y yo no estemos encerrados en las celdas de una prisión, pero nosotros también podemos entrar en fervientes momentos de oración contra los poderes de las tinieblas para ver el misterio de Cristo predicado y el reino de Dios expandido por todo el mundo.

Santidad

El estímulo de Dios para que tengamos "cuidado con la brechactividad" se extiende también a la búsqueda de la santidad, de modo que el que ora y busca el rostro de Dios "abandona su mala conducta" (2 Crónicas 7:14). Aunque muchas personas ven la santidad a través de una lista predeterminada de lo que se debe y no se debe hacer bajo la fe cristiana, la auténtica naturaleza de la santidad no opera de esa manera. Cuando permitamos que Dios se acerque lo suficiente como para desplegar una "misión de búsqueda y destrucción" contra todos nuestros caminos pecaminosos, comenzaremos a crecer en santidad. La verdadera santidad llega cuando invitas a Dios a evaluar tu corazón: "Examíname, oh Dios, y sondea mi corazón; ponme a prueba y sondea mis pensamientos. Fíjate si voy por mal camino, y guíame por el camino eterno" (Salmos 139:23-24).

Podemos intentar ocultarnos de Dios, al igual que Adán y Eva, que fueron los que primero pecaron en el huerto y luego se escondieron entre los arbustos cuando él los llamó (ver Génesis 3). ¿Cuántos de nosotros nos escondemos de Dios y nos distanciamos de él espiritualmente? No muchos de nosotros invitamos a una inspección más cercana, ¿verdad? ¿Cuántas personas no asistirán a una reunión de la iglesia porque temen que Dios les pida entrar por la puerta de su corazón? Las personas que realmente desean acercarse a Dios saldrán de detrás de los arbustos, reconocerán su desnudez y le pedirán a Dios que se acerque. No se esconderán, sino que darán la *bienvenida* al arrepentimiento.

Como es natural, los que se apartan cuando escuchan la palabra *arrepentimiento* suelen ser los que más lo necesitan. Pero aquellos que están dispuestos a orar: "Examíname, oh Dios, y sondea mi corazón… Fíjate si voy por mal camino" se abren al "camino eterno". Con la presencia de Dios en su ser, podrán desarraigar esas formas de vida pecaminosas que se erigen como barreras en su travesía espiritual.

Por dicha, no necesitamos preocuparnos por cómo identificar nuestros caminos perversos, porque Dios nos los revelará. La parte del arrepentimiento nos incumbe a nosotros mientras que la de la revelación le corresponde a Dios. Esto es importante: el arrepentimiento a menudo precede a una interrupción divina en nuestras vidas.

Antes de la venida de Cristo en el primer siglo, "Vino un hombre llamado Juan. Dios lo envió" (Juan 1:6). El mensaje de Juan fue de arrepentimiento: "Arrepiéntanse, porque el reino de los cielos está cerca" (Mateo 3:2). El ministerio de arrepentimiento de Juan precedió a la interrupción de Dios: la venida del Señor. Se podría decir que el arrepentimiento como lo proclamó Juan precedió a la revelación en la forma de Cristo.

Francis Frangipane dijo una vez: "Cada temporada de crecimiento espiritual significativo en tu caminar con Dios la precipitará un tiempo de profundo arrepentimiento".[5] Para ver el crecimiento espiritual, debemos acoger al arrepentimiento.

El arrepentimiento inicia el proceso de apartarnos de nuestros malos caminos, pero la renuncia lo valida. Dios no busca una señal superficial de arrepentimiento en el exterior, sino un cambio espiritual en el interior. Cuando el arrepentimiento y la renunciación convergen, vamos más allá de la mera expresión de dolor por nuestro pecado y comenzamos a desarrollar una profunda sensibilidad por lo que significa llevar una vida santa ante el Señor.

La renuncia "afirma el giro". Si nos arrepentimos de nuestros caminos perversos pero no nos devolvemos de ellos, abortamos nuestro arrepentimiento. Cuando hacemos eso, nuestro arrepentimiento sigue siendo un intento superficial de dar a luz al crecimiento espiritual, por lo que nuestra distancia de Dios se amplía mucho más. Pero cuando no solo nos arrepentimos, sino que también renunciamos a nuestro pecado, Dios acude rápidamente para ayudarnos a cambiar; por lo que crecemos más allá del perdón de nuestros pecados y en dirección a la verdadera santidad.

La consecuencia

("… [entonces] yo lo escucharé desde el cielo, perdonaré su pecado y restauraré su tierra").

Si cumplimos con la condición inicial de Dios (aceptando nuestra identidad como su pueblo, que lleva su nombre) y aceptamos su desafío (humillarnos, buscar su rostro y abandonar nuestra mala conducta), entonces recibiremos las benditas consecuencias de su obrar: "yo lo escucharé desde el cielo, perdonaré su pecado y restauraré su tierra" (2 Crónicas 7:14).

Este es el *modus operandi* de Dios. Él es un Dios que responde si pones de tu parte. Después que aceptas y participas con una declaración tipo "si haces esto", él responde con "entonces te bendeciré". Por tanto: "Si se humillan y oran … entonces yo escucharé desde el cielo y actuaré". Cuando el pueblo de Dios acepta un reto de él, cosecha su recompensa.

"Yo lo escucharé desde el cielo, perdonaré su pecado"

En la dedicación del templo de Salomón, donde el Señor pronunció las palabras que leemos en 2 Crónicas 7:14, Dios prometió escuchar desde el cielo. ¿Significa su promesa, en este caso, que no escucha en otros momentos? Algunas personas dirían: "Por supuesto que Dios nos escucha en *todo* momento, porque siempre está con nosotros". Sin embargo, el escuchar de Dios parece estar condicionado en muchos casos. Por ejemplo, el profeta Isaías declaró: "Son las iniquidades de ustedes las que los separan de su Dios. Son estos pecados los que lo llevan a ocultar su rostro *para no escuchar*" (Isaías 59:2, énfasis añadido).

Según Isaías, el oído de Dios fue silenciado por las iniquidades y pecados de su pueblo. Por eso, cuando Dios los reta a "abandonar su mala conducta", los insta a desactivar el silenciamiento del volumen para poder escuchar desde el cielo y perdonar sus pecados.

Lo lamentable es que, no gracias a sus líderes religiosos, algunas personas han perdido la esperanza en el perdón de Dios. Sus líderes los han abatido con palabras desalentadoras que son como ametralladoras en un campo de batalla. Es posible que sus palabras hayan tenido la intención de convencer a las personas de su pecado, pero —al contrario— ya sea intencional o no, solo han convencido a las personas de su condición desesperada. Además, para empeorar las cosas, Satanás, el enemigo de toda la humanidad, atacará incluso a los cristianos sinceros, susurrando: "Dices ser cristiano, pero mira cómo has pecado de nuevo. Ya basta. Esta vez tu pecado no será perdonado". Satanás sabe que si puede hacer que los cristianos duden del perdón de Dios, entonces puede destruir su relación con Dios.

Es por eso que Dios habla como lo hizo con el pueblo de Israel, cuando declaró:

¿Por qué no había nadie cuando vine? ¿Por qué nadie
respondió cuando llamé? ¿Tan corta es mi mano que no
puede rescatar? ¿Me falta acaso fuerza para liberarlos?
Yo seco el mar con una simple represión, y convierto
los ríos en desierto; por falta de agua sus peces se pudren
y se mueren de sed.

Isaías 50:2

En otras palabras, Dios le preguntó a su pueblo: "Escuchen, ¿creen que el enemigo ha cortado mi brazo poderoso? ¿No creen que tengo el poder para rescatarlos de
cualquier situación?". Estas son preguntas retóricas, por
supuesto, porque él está lejos de ser impotente. Si solo nos
arrepentimos y renunciamos a nuestro pecado, él promete
escuchar, perdonar y sanar nuestra tierra.

"Restauraré su tierra"

¿Qué quiere decir Dios cuando expresa "restauraré su
tierra"? Debemos llegar a comprender lo que quiere decir
para que podamos reconocer rápidamente la sanidad cuando llegue. Esto parece difícil de comprender y, sin embargo,
es muy importante. Tiene claras consecuencias.

Cuando Dios declaró que sanaría a la nación de Israel
después de su exilio a Babilonia, no solo señaló una parcela
de tierra, sino también al propio pueblo: "Sin embargo, les
daré salud y los curaré [a la tierra]; los sanaré [al pueblo] y
haré que disfruten de abundante paz y seguridad" (Jeremías
33:6). Dios ciertamente tiene un lugar único en su corazón
para la tierra santa de Israel, pero también tiene un corazón
para su *pueblo*. Por eso, finalmente, envió a su Hijo para
sanar a su pueblo.

Quizás podamos entender algo más a través del mensaje
que Pedro predicó después que la nación de Israel rechazó

y crucificó a Jesús. El día de Pentecostés, Pedro proclamó con audacia:

> "Por tanto, para que sean borrados sus pecados, arrepiéntanse y vuélvanse a Dios, a fin de que vengan tiempos de descanso de parte del Señor, enviándoles el Mesías que ya había sido preparado para ustedes, el cual es Jesús. Es necesario que él permanezca en el cielo hasta que llegue el tiempo de la restauración de todas las cosas, como Dios lo ha anunciado desde hace siglos por medio de sus santos profetas".
>
> Hechos 3:19-21

Así como Dios llamó al pueblo al arrepentimiento en 2 Crónicas 7:14, Pedro también los instó al arrepentimiento, pero con un giro interesante: "a fin de que vengan tiempos de descanso de parte del Señor", en realidad dijo: "Debido a que crucificaron al Mesías, el pecado de ustedes creó una especie de represa que bloqueó el enorme y vivificante diluvio de la presencia de Dios".

En realidad, el lenguaje literal de este pasaje es el del viento y no el agua porque la palabra griega *anapsuxis* representa la "recuperación del aliento".[6] Pedro declaró que la curación vendría a través de una ola de aire fresco que permitiría al pueblo de Dios respirar nuevamente. Al igual que cuando un cadáver vuelve a la vida, la tierra y la gente serían revividos por las ondas del aliento de Dios.

No debemos olvidar que el mensaje de Pedro fue predicado el día de Pentecostés inmediatamente después de que los ciento veinte discípulos en el Aposento Alto en Jerusalén hubieran experimentado el viento fresco o el soplo de Dios:

> Cuando llegó el día de Pentecostés, estaban todos juntos en el mismo lugar. De repente, vino del cielo un ruido

como el de una violenta ráfaga de viento y llenó toda la casa donde estaban reunidos.

Hechos 2:1-2

Fue inmediatamente después de ese encuentro de Hechos 2 que Pedro le dijo a la multitud reunida:

"Sucederá que en los últimos días —dice Dios—, derramaré mi Espíritu sobre todo el género humano. Los hijos y las hijas de ustedes profetizarán, tendrán visiones los jóvenes y sueños los ancianos. En esos días derramaré mi Espíritu aun sobre mis siervos y mis siervas, y profetizarán".

Hechos 2:17-18

La implicación bíblica aquí es que cuando Dios sana la tierra, también envía nuevas oleadas de su aliento o su presencia para revivir a los espiritualmente muertos y renovar a los espiritualmente débiles. Como declaró Pedro, el soplo refrescante del Espíritu de Dios se derrama sobre toda carne. Los incrédulos cobran vida en Cristo. Los creyentes experimentan una vida renovada en Jesús.

Por supuesto, tal como Dios le recordó a Salomón después de la extravagancia de la dedicación del templo, nosotros, como su pueblo, tenemos un papel vital que desempeñar. Debemos "tener cuidado con la brechactividad" deliberadamente para asegurarnos de que "vengan tiempos de descanso de parte del Señor". Debemos recordar la condición de Dios, el reto de Dios y la consecuencia de Dios:

La *condición*: "Si mi pueblo, que lleva mi nombre..."

El *reto*: "... se humilla y ora, y me busca y abandona su mala conducta..."

La *consecuencia*: "... [entonces] yo lo escucharé desde el cielo, perdonaré su pecado y restauraré su tierra".

Si hacemos nuestra parte, *entonces* Dios promete hacer la de él.

RETO personal

A menos que "tengas cuidado con la brechactividad" en tu relación con Dios, la montaña rusa de la vida sigue interminablemente y no puedes bajarte. Nunca podrás superar los extremos mientras te lances de arriba a abajo y por todas partes. Pero si eliges "tener cuidado con la brechactividad", aquí tienes las promesas de Dios:

> *Si estás quebrantado, él te curará.*
> *Si estás confundido, él te guiará.*
> *Si estás herido, él te sanará.*
> *Si tienes miedo, él te protegerá.*
> *Si estás estresado, él te dará paz.*
> *Si estás separado de Dios, él te salvará.*

REFLEXIÓN personal

1. ¿Cómo evaluarías la salud de tu alma y tu conexión con Dios en este momento? ¿Te sientes bien conectado con Dios o distante de él?
2. En 2 Crónicas 7:14, Dios desafía a su pueblo a "tener cuidado con la brechactividad" en varias áreas. Evalúate a ti mismo de acuerdo con lo siguiente:
   a. humildad (dependencia de Dios y olvido de ti mismo)
   b. oración (oración personal y búsqueda de su rostro)
   c. arrepentimiento (arrepentimiento personal y renunciación)

3. Este breve cuestionario te proporcionará algunas indicaciones para reflexionar sobre el estado de tu vida de oración:

a. ¿Estás satisfecho con tu vida de oración?

b. ¿Oras con confianza y valentía?

c. Cuando alguien te pide que ores por una necesidad, ¿realmente lo haces?

d. ¿Cuáles son las cinco peticiones de oración que le has presentado al Señor esta semana?

e. ¿Es tu tiempo de oración comparable en duración con el que pasas leyendo la Biblia?

Si respondiste afirmativamente a al menos tres de estas preguntas, eso muestra que estás dando pasos positivos en la oración. Si respondiste que sí en dos preguntas o menos, ten en cuenta que necesitas dedicar más tiempo a la oración. (Sin embargo, si respondiste que sí en la primera pregunta, definitivamente debes prestar atención inmediata a tu vida de oración porque nadie debería estar completamente satisfecho con el estado de su vida de oración).

No te preocupes tanto por los altibajos de la oración como por el objetivo de establecerla como una prioridad y buscar continuamente su rostro.

4. Algunas personas han perdido la esperanza en el perdón de Dios. Evalúa tu "nivel de esperanza" con respecto a la capacidad de Dios para perdonar tu pecado.

5. Algunas personas han perdido la esperanza en la voluntad de Dios de sanar nuestra tierra. Evalúa tu "nivel de esperanza" en la capacidad de Dios para sanar nuestra tierra.

ORACIÓN personal

Padre celestial, estoy desesperado por "cuidar de la brechactividad". Declaro audazmente que nada es imposible para ti. Por favor, aumenta el nivel de mi intimidad espiritual contigo. Ayúdame a salir de mi escondite entre los arbustos y a superar todas las barreras que se interponen entre nosotros. Quiero ver los grandes obstáculos e incluso mis caminos perversos destruidos, para poder experimentar momentos de refrigerio en tu presencia. En el nombre de Jesús, amén.

RETO colectivo

"Cuidado con la brecha" fue una frase acuñada por el Metro de Londres en 1968, pero ahora se usa para los sistemas de tránsito en todo el mundo con el objeto de recordarles constantemente a los pasajeros que existe una brecha entre el tren y la plataforma de la estación.[7] Por lo tanto, aunque el término *brechactividad* no es una palabra oficial, presenta la combinación de dos palabras: espacio y actividad. Permite que esta idea dirija la discusión de tu grupo.

1. ¿Cómo evaluarían la salud de su alma en este momento? ¿Se sienten bien conectados con Dios o distantes de él? Discútanlo.
2. Compartan algunas de las formas en que podemos permitir que se desarrolle una brecha espiritual entre Dios y nosotros, incluso después de haber experimentado expresiones tangibles de su presencia.
3. ¿Cómo luce la verdadera humildad? Analicen la diferencia entre la dependencia de Dios y la autosuficiencia.

4. Dios desafía a su pueblo a orar y buscar su rostro. Analicen la diferencia entre las dos cosas.

5. La siguiente encuesta rápida les proporcionará algunas indicaciones para la reflexión sobre el estado de su vida de oración. Compartan sus evaluaciones personales con el grupo.

   a. ¿Están satisfechos con su vida de oración?

   b. ¿Oran con confianza y valentía?

   c. Cuando alguien les pide que oren por una necesidad, ¿realmente lo hacen?

   d. ¿Cuáles son las cinco peticiones de oración que le han presentado al Señor esta semana?

   e. ¿Es el tiempo de oración de ustedes comparable en duración con el de la lectura de la Biblia?

Si respondieron afirmativamente a al menos tres de estas preguntas, eso muestra que están dando pasos positivos en la oración. Si respondieron que sí a dos preguntas o menos, tengan en cuenta que necesitan dedicar más tiempo a la oración. (Sin embargo, si respondieron que sí en la primera pregunta, definitivamente deben prestar atención inmediata a su vida de oración porque nadie debería estar completamente satisfecho con el estado de su vida de oración).

No debemos preocuparnos tanto por los altibajos de nuestra oración como por el establecimiento de la oración como una prioridad. Es de suma importancia buscar su rostro continuamente.

6. Algunas personas han perdido la esperanza en el perdón personal de Dios. Analicen lo que han descubierto con respecto a su "nivel de esperanza" en la capacidad de Dios para perdonar su pecado.

7. Algunas personas han perdido la esperanza en la voluntad de Dios de sanar nuestra tierra. ¿Cuál es el "nivel de esperanza" de ustedes en la capacidad de Dios para sanar nuestra tierra y por qué se sienten así?

6

Escucha lo que se dice desde el cielo

"El que tenga oídos para oír, que oiga".

Marcos 4:23

Justo antes de su tercer año en la escuela secundaria, mi hijo mayor —Spencer— se me acercó con lágrimas en los ojos y me dijo: "Papá, ¿puedo hablar contigo?". Por supuesto, todo tipo de fuegos artificiales comenzaron a explotar en mi cabeza ya que mi hijo, a menudo tímido y reservado, nunca hubiera solicitado una conversación privada conmigo a menos que se tratara de una emergencia. Enseguida pensé: "Oh, no, estoy a punto de escuchar algo que no quiero oír".

En ese verano, en particular, Spencer y yo habíamos investigado en varias universidades para su posible asistencia después de su graduación de la escuela secundaria. Si alguien le preguntaba a Spencer sobre el próximo paso en su vida, él decía: "Planeo jugar béisbol en la universidad". Como atleta destacado en la escuela secundaria, esperaba explorar el atletismo universitario y, con un promedio de calificaciones 4.0, estaba preparado para jugar en cualquier cantidad de escuelas. Por tanto, ¿de qué podría querer hablar? Mientras caminábamos hacia el dormitorio principal para iniciar nuestra conversación, seguí orando en voz baja: "Señor, *por favor* ayúdame. Si alguna vez hubo un momento en el que necesito escuchar desde el cielo, es precisamente este".

Después de unos momentos incómodos, comenzó a contarme sobre su experiencia en el campamento de la iglesia un par de semanas antes. Durante una de las reuniones de adoración, en la que cientos de jóvenes estaban parados y adorando al Señor, él contó lo que le había sucedido. En ese momento, las lágrimas corrían por sus mejillas cuando dijo: "Estaba parado en la parte de atrás del auditorio y escuché a Dios hablarme por primera vez. Me dijo que el béisbol no debía ser mi prioridad porque él quiere que me convierta en pastor". Ahora, cuando escuché eso, el rostro por el que las lágrimas comenzaron a fluir fue el *mío*. Sabía que Spencer había experimentado una interrupción divina.

En ese momento, no podía dejar de pensar en sus palabras: "Escuché a Dios hablarme por primera vez". Por supuesto, Spencer no quiso decir que Dios le había hablado con voz audible. Simplemente estaba reconociendo que había escuchado el silencioso susurro de Dios en su corazón y su mente. Como joven cristiano, se había criado en la iglesia. Había escuchado muchos sermones y enseñanzas acerca de escuchar la voz de Dios. Ahora, por primera vez, había escuchado a Dios mismo hablar; esa fue la primera vez que supo con certeza que había escuchado algo desde el cielo.

A veces la gente pregunta: "¿Habla Dios todavía?". Ciertamente sabemos que todavía habla a través de la

Biblia, que ella es su Palabra escrita y que se escribió para que todos la lean y la escuchen. Más allá de eso, debemos aprender que podemos desarrollar tal sensibilidad hacia el Espíritu Santo que vive en nuestro interior que podemos reconocer fácilmente su voz en nuestro corazón y en nuestra mente. Jesús declaró: "Mis ovejas oyen mi voz; yo las conozco y ellas me siguen" (Juan 10:27).

¡Qué pensamiento más impresionante, nuestro Pastor nos conoce por nuestro nombre y quiere hablarnos! Observa la intimidad relacional que existe entre Jesús y sus ovejas. Primero, Jesús conoce y habla a sus ovejas y, en respuesta, sus ovejas lo escuchan y lo siguen. Si Dios está hablando, entonces deberíamos querer escucharlo y seguirlo.

Escuchar algo desde el cielo implica una cooperación sagrada

Quizás la mejor frase para describir la intimidad relacional entre Dios y los seres humanos es "cooperación sagrada". Aquí debemos entender que el término sagrado significa "dedicado a lo divino" y la palabra cooperación significa "servir juntos". La cooperación sagrada entre Dios y su pueblo significa que ambas partes se han comprometido a "servir juntas en una divina dedicación".

Aunque pueda parecer simplista decirlo, tú y yo debemos desarrollar nuestros oídos espirituales para poder realizar nuestra parte en el proceso. Después de todo, al menos ocho veces en los evangelios leemos la exhortación de Jesús: "El que tenga oídos para oír, que oiga".[1]

¿Qué pasaría si decidiéramos desarrollar nuestro oído espiritual? ¿No tendría eso un impacto en todo: en la familia, el trabajo, el itinerario, las redes sociales y en mucho más? ¿Qué pasaría si aprendiéramos a escuchar un "sonido del cielo" mejor que los que emiten nuestros teléfonos, computadoras portátiles o televisores?

¡Dios lo dirá!

La verdad es que Dios desea hablarnos. En el Evangelio de Mateo, un centurión se acercó a Jesús y comenzó a hablarle de su sirviente que estaba paralizado. Sin dudarlo, Jesús dijo que iría y lo curaría. A veces, pensamos que debemos rogar y suplicar que Jesús responda, pero este ejemplo sugiere que él siempre está dispuesto a escuchar y satisfacer nuestras necesidades.

Como Jesús respondió tan rápidamente, el centurión recibió una epifanía espiritual:

> —Señor, no merezco que entres bajo mi techo. Pero basta con que digas una sola palabra, y mi siervo quedará sano. Porque yo mismo soy un hombre sujeto a órdenes superiores, y además tengo soldados bajo mi autoridad. Le digo a uno: "Ve", y va, y al otro: "Ven", y viene. Le digo a mi siervo: "Haz esto", y lo hace.
>
> Mateo 8:8-9

El centurión no necesitaba nada más que una palabra de Dios. En efecto, dijo: "Señor, solo dilo y mi siervo sanará". Después, Jesús se volvió hacia la multitud y dijo: "Les aseguro que no he encontrado en Israel a nadie que tenga tanta fe" (Mateo 8:10).

¿Por qué dudamos tan a menudo? ¿Por qué cuestionamos la palabra de Dios para nosotros? Cuando Dios susurra: "Habla con tu vecino y comparte tu fe", con demasiada frecuencia ponemos excusas. ("Pero Señor, estoy a punto de ir a la tienda de comestibles y simplemente no tengo tiempo"). O, si sentimos que Dios puede estar diciendo: "Dale a esa mesera una propina de cien dólares", nuestro razonamiento natural nos hace objetar. ("Señor, ¿realmente necesita una propina de cien dólares?"). El modelo es obvio: Dios habla, pero cuestionamos lo que nos dice. A menudo, Dios lo dirá, pero lo cuestionaremos.

En la historia, Jesús se volteó hacia la multitud, lo que significaba que se apartó de la casa del centurión. Eso no significaba que quisiera ignorar la petición de ayuda del centurión; al contrario, quería afirmar la creencia de que su palabra era suficiente. Después de todo, fue por su palabra y no por su toque que el siervo fue sanado. Nos maravillamos con la fe del centurión, que al final nos indica que lo que Dios dice es siempre más importante que lo que vemos. O simplemente dicho, la palabra de Dios se cumple cuando él la dice y no cuando la vemos.

Es por eso que la teología de "decláralo y reclámalo" realmente no funciona. Claro, puedes poner tus manos en un auto nuevo y reclamarlo, pero no será tuyo a menos que Dios lo diga. No podemos esperar obtener todo lo que vemos y reclamamos; obtendremos solo lo que Dios dice. Puedes nombrar y reclamar un nuevo trabajo, pero si lo consigues o no depende de lo que Dios diga. Por tanto, debemos empezar por escuchar. Y "si alguno tiene oídos para oír, oiga".

Estoy seguro de que has escuchado a personas sinceras decir: "Dios lo dijo... Yo lo creo... Caso resuelto". Esa declaración pegajosa puede que suene bien a nuestros oídos, pero la encuentro engañosa. Piénsalo: si Dios lo dijo, entonces es caso resuelto. Y punto. El que lo *creamos* o no, no cambia el hecho de que Dios lo dirá y luego lo mostrará.

¡Dios lo dirá y luego lo mostrará!

En las Escrituras, la revelación de una cosa a menudo viene antes que su manifestación. La revelación de Dios vendrá antes que la manifestación de Dios. Dios revelará algo en palabras y luego lo manifestará con hechos. La palabra vendrá antes que la obra.

La palabra *revelación* en el texto griego resulta ser el vocablo *apakalupsis*, que es la raíz derivada de nuestro término castellano *apocalíptico*. ¿Has considerado alguna vez que la revelación de Dios es realmente apocalíptica? Apunta al futuro de forma decisiva. La *apakalupsis* o naturaleza apocalíptica de la palabra de Dios descorre la cortina para revelar un destello de su plan divino para nuestro día y nuestro tiempo.

Recorre las páginas del Libro de todos los libros y enumera todos los ejemplos de cómo lo dijo Dios y luego lo mostró. Él lo dijo: "¡Que exista la luz!". Y luego lo mostró: "Y la luz llegó a existir" (Génesis 1:3). Él lo dijo: "Porque nos ha nacido un niño, se nos ha concedido un hijo; la soberanía reposará sobre sus hombros" (Isaías 9:6). Y luego lo mostró: "Pero cuando vino la plenitud del tiempo, Dios envió a su Hijo" (Gálatas 4:4). Él lo dijo: "Ahora voy a enviarles lo que ha prometido mi Padre; pero ustedes quédense en la ciudad hasta que sean revestidos del poder de lo alto" (Lucas 24:49). Y luego lo mostró: "Cuando llegó el día de Pentecostés ... todos fueron llenos del Espíritu Santo" (Hechos 2:1, 4). Lo dijo, como lo hizo con el centurión: "¡Ve! Todo se hará tal como creíste" (Mateo 8:13), y luego lo mostró: "Y en esa misma hora aquel siervo quedó sano" (Mateo 8:13). La palabra de Dios precede a la obra de Dios. La revelación profética precede a la manifestación divina.

Escuchar algo desde el cielo implica una cooperación activa

La cooperación sagrada al fin y al cabo se convierte en cooperación activa. Lo que escuchamos del cielo nos impulsa a actuar. Es digno de mención que después de que Jesús sanó a un hombre paralítico (ver Mateo 8), fue confrontado por otro paralítico (ver Mateo 9). En esa situación, la casa en la que Jesús estaba enseñando se había llenado tanto de gente que un pequeño grupo de amigos (cuatro, según Marcos 2) decidieron que la única forma de llevar a su compañero paralítico ante Jesús era bajarlo en una camilla a través de un agujero en el techo. ¿Puedes imaginarte cómo fue eso? Tú y muchos otros están apretujados hombro con hombro dentro de la casa mientras Jesús enseña sobre el reino. De repente, empieza una conmoción en lo alto. *¿Qué es eso? ¿Hay alguien en el tejado?* Entonces, de repente, la paja y el barro seco comienzan a caer del techo sobre tu cabeza y tu ropa, y el sol brilla a través de un agujero justo encima de Jesús.

Cuando la camilla del paralítico bajó por el techo y se posó frente a Jesús, él no se inmutó ni regañó a los amigos del hombre por la forma en que interrumpieron su enseñanza y causaron un desastre tan molesto. Ignoraría todo eso porque pudo ver la fe de los cuatro amigos. En verdad, sus enérgicos esfuerzos habían brindado una oportunidad para que su amigo paralítico experimentara la curación. ¡Eso habla de cooperación activa! No fue la fe del paralítico lo que catalizó la respuesta de Cristo; fue la fe de algunos buenos amigos.

Me pregunto cuántas personas heridas hoy en día podrían beneficiarse de la cooperación de sus familiares y amigos para ayudarlos a buscar la curación de manera más activa.

Dios lo dirá y cuando lo escuches lo mostrará

Observa lo que sucedió durante el intercambio entre Jesús y el paralítico:

Unos hombres le llevaron un paralítico, acostado en una camilla. Al ver Jesús la fe de ellos, le dijo al paralítico: "¡Ánimo, hijo; tus pecados quedan perdonados!" Algunos de los maestros de la ley murmuraron entre ellos: "¡Este hombre blasfema!" Como Jesús conocía sus pensamientos, les dijo: "¿Por qué dan lugar a tan malos pensamientos?"

Mateo 9:2-4

Es importante reconocer la fuente de lo que escuchamos, como enfatiza el texto. Aunque el paralítico escuchó a Jesús, los escribas solo escuchaban sus propios pensamientos: "Algunos de los maestros de la ley *murmuraron entre ellos...*" ¿Con qué frecuencia nos perdemos la oportunidad de escuchar algo desde el cielo porque interponemos nuestros propios pensamientos?

Por supuesto, es posible que te estés preguntando: "¿Cómo puedo saber si lo que escucho proviene de Dios o de mí mismo?". A menudo, puedes discernir la diferencia cuando reconoces que lo que escuchas de Dios probablemente no atraerá a tu carne. Por ejemplo, en el relato anterior, darle a la mesera una propina de cien dólares probablemente no sea una idea que se origine con naturalidad en tu propia mente; por lo tanto, es más probable que haya sido algo impulsado directamente por Dios. La mayoría de los pensamientos que provienen de él apelan a tu espíritu, mientras que la mayoría de los que surgen de tu propia conciencia apelan a tu carne.

Jesús podía leer los pensamientos de los escribas ("¡Este hombre blasfema!"). Después que expuso el hecho de que sabía lo que estaban pensando, se acercó a ellos con una interrogación retórica, preguntando: "¿Qué es más fácil, decir: 'Tus pecados quedan perdonados', o decir: 'Levántate y anda'?" (Mateo 9:5).

Los líderes religiosos habrían encontrado que el mandato "levántate y anda" era mucho más aceptable; creían que alguien especialmente ungido por Dios podía realizar señales y prodigios. Pero para ellos, la otra frase: "Tus pecados quedan perdonados" era una declaración exagerada, ya que el perdón de los pecados solo puede ser ofrecido por Dios mismo.

Incluso hoy, mucha gente siente lo mismo. Es más fácil para ellos escuchar a Jesús decir: "levántate y anda", que "tus pecados quedan perdonados", porque lo primero aborda una necesidad física inmediata mientras que lo segundo trata una condición interna invisible. "Levántate y anda" impacta tu "presente" mientras que "Tus pecados quedan perdonados" impacta tu "eternidad".

En verdad, Dios quiere curarte de adentro hacia afuera. Quiere sanarte espiritualmente más que físicamente. Quiere impactar tu eternidad más que tu existencia terrenal y tu "para siempre" más que tu "ahora". Incluso mientras lees estas páginas, mantente dispuesto a escuchar, quizás por primera vez, algo de Dios que tenga la capacidad de cambiar tu destino. No vendrá de tu interior, sino del cielo. "El que tenga oídos para oír, que oiga".

¿Por qué la Escritura no dice: "El que tenga ojos para ver, que vea"? Porque si tienes oídos espirituales, tendrás ojos espirituales. Cuando comiences a escuchar cosas de Dios, comenzarás a ver cosas de Dios. Todo lo que escuches del cielo, lo verás en la tierra. La Escritura también nos dice: "Así que la fe viene como resultado de oír el mensaje, y el mensaje que se oye es la palabra de Cristo" (Romanos 10:17).

Aquí está el problema: al igual que los escribas y los fariseos, seguimos escuchando cosas incorrectas. La Biblia identifica esto como "mentalidad pecaminosa": "La mentalidad pecaminosa es muerte, mientras que la mentalidad que proviene del Espíritu es vida y paz" (Romanos 8:6).

Tu mente carnal buscará mantenerte débil espiritualmente diciendo: "Pero todavía estás paralizado y no puedes ir a ninguna parte". Sin embargo, tu mente espiritual dirá: "Eso no es lo que escuché; lo que oí fue: 'Levántate, toma tu camilla y vete a tu casa'" (Mateo 9:6).

Tu mente carnal intentará convencerte: "Todavía estás en un lío y esa montaña se interpone en el camino". Pero tu mente espiritual dirá: "Eso no es lo que escuché; lo que oí fue: 'Si alguno le dice a este monte: Quítate de ahí y tírate al mar, creyendo, sin abrigar la menor duda de que lo que dice sucederá, lo obtendrá'" (Marcos 11:23).

Tu mente carnal buscará desanimarte al declarar: "Tu promesa nunca se hará realidad; estás más lejos hoy que cuando empezaste". Pero tu mente espiritual dirá: "Eso no es lo que escuché; lo que oí fue: 'Porque sé en quién he creído, y estoy seguro de que tiene poder para guardar hasta aquel día lo que le he confiado'" (2 Timoteo 1:12).

Tu mente carnal tratará de impulsarte a rendirte ante lo económico, diciendo: "Pero tienes poco dinero, no vas a llegar a fin de mes". Pero tu mente espiritual dirá: "Eso no es lo que escuché; lo que oí fue: 'Así que mi Dios les proveerá de todo lo que necesiten, conforme a las gloriosas riquezas que tiene en Cristo Jesús'" (Filipenses 4:19).

Tu mente carnal señalará tu pérdida: "Tu hijo nunca se salvará". Pero tu mente espiritual dirá: "Eso no es lo que escuché; lo que oí fue: 'Instruye al niño en el camino correcto, y aun en su vejez no lo abandonará'" (Proverbios 22:6). La fe es un músculo espiritual. Para fortalecerlo, debemos redirigir nuestra mente carnal hacia la Palabra de Dios. "El que tenga oídos para oír, que oiga".

Nota lo que sucedió cuando el paralítico fue sanado. Resultó que los líderes religiosos eran en realidad los responsables de iniciar la curación. Cuando Jesús dijo: "Pues para que sepan que el Hijo del hombre tiene autoridad en la tierra para perdonar pecados" y luego dijo al paralítico y le dijo: "Levántate, toma tu camilla y vete a tu casa" (Mateo 9:6), estaba diciendo, en esencia: "Solo para que ustedes, líderes religiosos, reconozcan que soy quien digo que soy: el Mesías, el Hijo de Dios que tiene autoridad para perdonar pecados, seguiré adelante y completaré en el exterior lo que ya he comenzado en el interior".

Dios lo dirá y lo mostrará, cuando lo escuches y lo declares

Hay poder en las declaraciones verbales. Desde que mis hijos estuvieron en el útero, he hecho declaraciones sobre ellos y mi familia orando así: "Padre celestial, cubre a mi familia con tu sangre. Permite que tus ángeles de la guarda acampen a nuestro alrededor. Espíritu Santo, levántate dentro de nosotros. Oro para que seamos fuertes en nuestra adversidad y humildes en nuestro éxito. Ayúdanos a caminar en sanidad divina y en salud divina. Prepáranos, colócanos e impúlsanos en lo referente a tus propósitos y planes para nuestras vidas. Ayúdanos a ser una familia piadosa que se distinga del resto. Amén."

Las Escrituras enseñan repetidamente que las palabras generan una reacción en cadena que es positiva o negativa. Desafortunadamente, vemos más a menudo lo negativo que lo positivo. Papá llega a casa cansado y frustrado, y le grita a mamá. Entonces mamá le grita al hermano mayor. Este le grita entonces a la hermana menor. La hermana menor patea al perro. Entonces, el perro muerde al gato. Luego, el gato aruña a la bebé. Entonces, la bebé muerde la cabeza de su muñeca Barbie. De hecho, ¡habría sido más fácil y rápido si papá hubiera vuelto a casa y hubiera mordido la cabeza de la muñeca Barbie él mismo! El punto es que nuestras palabras crean una reacción en cadena. Lo que decimos puede hacernos felices o tristes, saludables o no saludables, sabios o tontos. Las palabras que pronunciamos pueden edificar a las personas o demolerlas; pueden conseguir que nos contraten o nos despidan.

¿Por qué crees que los hijos de Israel vagaron por el desierto por cuarenta años? ¿Por qué un viaje de once días les llevó cuatro décadas? Podemos exagerar eso espiritualizándolo y explicar: "Es que tenían una mentalidad de esclavo que necesitaba cambiar" o "Dios necesitaba prepararlos para su estancia en la Tierra Prometida". Aunque esas excusas pueden tener algo de verdad, la conclusión es que vagaron durante cuarenta años porque se quejaron y se la pasaban dando muchas excusas: "Los cananeos son como gigantes y nos aplastarán como langostas". "Solo hemos venido al desierto para morir; oh, que pudiéramos volver a Egipto". "¿Cómo es que no tenemos carne para comer ni agua para beber?" Dios ya les había dado la tierra (ver Números 13:2), pero no pudieron poseerla porque su futuro había sido confinado a una celda de prisión creada por sus propias palabras.

A veces me pregunto si nuestra boca necesita ser redimida por la sangre de Jesús. Nuestros abuelos pueden haber lavado la boca de sus hijos con jabón, pero Dios hace mucho más que eso. La Escritura dice que somos santificados y lavados "mediante la purificación de la palabra de Dios" (Efesios 5:26 NTV).

El paralítico llevó esta verdad un paso más allá, ya que sus declaraciones eran "pasos de acción" no verbales. No declaró nada con su voz. Al contrario, hizo una declaración a través de sus acciones: "Y el hombre se levantó y se fue a su casa" (Mateo 9:7). No menospreció hacer lo que le dijeron que hiciera.

Las declaraciones del paralítico surgieron de manera no verbal mientras se levantaba y caminaba hacia su casa. Así también, nuestras declaraciones (ya sean verbales o no verbales) deberían resultar en acción. El libro de Santiago deja esto en claro:

> ¡Qué tonto eres! ¿Quieres convencerte de que la *fe sin obras es estéril*? ¿No fue declarado justo nuestro padre Abraham por lo que hizo cuando ofreció sobre el altar a su hijo Isaac? Ya lo ves: Su fe y sus obras actuaban conjuntamente, y su fe llegó a la perfección por las obras que hizo.
>
> Santiago 2:20-22, énfasis añadido

La inferencia es clara: la fe sin acción no es fe en absoluto. Las declaraciones sin obras son incompletas. Podemos "decirlo", pero si no lo "demostramos", entonces todo lo que tenemos son palabras muertas.

En el caso de Abraham, él escuchó a Dios instruirlo para que ofreciera a su hijo como sacrificio, pero aún necesitaba declararlo a través de sus acciones. ¿Confiaría Abraham en Dios con respecto a su tesoro más preciado? Cuando leemos en la narrativa bíblica, descubrimos la respuesta: Abraham creyó en Dios y su fe fue tomada en cuenta en el cielo (ver Santiago 2:23). Justo cuando Abraham levantó el cuchillo sobre su hijo, ¡*escuchó* algo! Era un carnero que quedó atrapado en la espesura y proporcionó el sacrificio perfecto para Abraham en lugar de su propio hijo. A partir de ese momento, ese lugar se llamó Jehová Jireh, "que significa 'el Señor proveerá'" (Génesis 22:14 NTV). La clave para Abraham y para nosotros hoy involucra nuestra "cooperación activa" con Dios porque *Dios lo dirá y lo mostrará, cuando lo escuchemos y lo declaremos.*

Para dicha nuestra, hoy no tenemos que preguntarnos cómo se ve ni cómo suena la Palabra de Dios, porque Jesús ya vino: "Entonces la Palabra [Jesús] se hizo hombre y vino a vivir entre nosotros. Estaba lleno de amor inagotable y fidelidad. Y hemos visto su gloria, la gloria del único Hijo del Padre" (Juan 1:14 NTV). Dios declaró su Palabra a través de su Hijo, Jesucristo, lo que significaba que oír desde el cielo no se había revelado a través de una cosa, sino a través de una Persona.

Cuando Jesucristo hizo su hogar entre nosotros, comenzó a expresarnos su gloria o su naturaleza. En efecto, los discípulos y otras personas que lo vieron en acción comenzaron a escuchar lo que se decía desde el cielo a través de cada una de sus palabras y acciones.

- La Palabra convirtió el agua en vino en las bodas de Caná.
- La Palabra puso barro en los ojos del ciego y lo sanó.
- La Palabra alimentó a más de cinco mil personas con el almuerzo de un niño.
- La Palabra liberó a un hombre de una legión de demonios.
- La Palabra sanó a diez leprosos en el camino a Jericó.
- La Palabra resucitó a la hija de Jairo de entre los muertos.
- La Palabra sangró y murió en una cruz de madera.
- La Palabra se levantó de entre los muertos al tercer día.

A través de cada declaración verbal y no verbal, la Palabra había sido revelada a través de la Persona de Jesucristo. Más importante aún hoy, la Palabra continúa revelándose a través de él. Cuando encuentras el Camino, no encuentras una cosa; encuentras a Cristo. Cuando recibes la Verdad, no recibes una cosa; recibes a Cristo. Cuando experimentas la Vida, no experimentas una cosa; experimentas a Cristo.

Hace un tiempo escuché sobre una competencia impulsada por las redes sociales entre los restaurantes de comida rápida Chick-fil-A y Popeyes. Todos tenían una fuerte opinión en relación a qué sándwich de pollo es mejor. En el fragor de esa batalla, solo uno de esos establecimientos de pollo se quedó sin pollo: Popeyes. Afortunadamente, cuando necesitamos escuchar algo desde el cielo, no debemos preocuparnos nunca; ya que nunca, nunca, nos quedaremos sin la Palabra de Dios. Él siempre es fiel en decirlo y mostrarlo cuando lo escuchamos y lo declaramos.

RETO personal

Cuando escuchas algo desde el cielo, realmente escuchas de Dios, y eso puede suceder en cualquier momento. Él puede hablar contigo mientras esperas ante un semáforo en rojo, cuando te sientas en una cafetería o mientras asistes a un evento escolar. Puede hablar contigo en una sala de juntas, una habitación de hospital, un salón de clases o en un dormitorio. O, como en el caso de mi hijo Spencer, puede susurrarte en la parte trasera del auditorio de una iglesia.

Un amigo mío que es pastor me habló de una mujer que estaba en una casa en la que venden drogas. En medio de su caos, Dios se le apareció y le dijo: "Elige hoy: vida o muerte". Estaba muy drogada, pero inmediatamente llamó a su papá, que la recogió y la llevó a la iglesia. Esa noche, entregó su vida a Cristo y le ha servido desde entonces. Por tanto, ¿qué escuchas desde el cielo en este momento? "El que tenga oídos para oír, que oiga".

En las dos historias de los hombres paralíticos, ambos tenían paralizados sus cuerpos. Pero a veces, también puedes estar paralizado mental y espiritualmente. Cualquiera que sea la parálisis que puedas estar experimentando, esta es la buena noticia: Dios quiere cambiar tu parálisis por su paz.

Y en caso de que sientas que una barrera o un techo te impiden el acceso a Dios, creo que cuatro amigos o un centurión pueden entrar en tu vida y asegurarse de que llegues a él. A veces, la interrupción de Dios surge en forma de personas adecuadas puestas en el lugar adecuado en el momento adecuado. Cuando finalmente superemos el obstáculo y encontremos a Jesús, él nos sanará de adentro hacia afuera.

REFLEXIÓN personal

1. ¿Alguna vez has escuchado algo de Dios? Si es así, ¿cuándo fue la última vez y qué dijo?
2. A diferencia del centurión que confió en la palabra de Jesús, ¿cuestionas lo que escuchas que Dios dice? Piensa en un ejemplo de esto en tu propia vida.
3. Cuando bajaron al paralítico por el techo, los líderes religiosos no entendieron lo que estaba sucediendo. Continuaron escuchándose a sí mismos en vez de a Jesús. ¿Cómo disciernes entre escuchar algo de ti mismo y escuchar al Señor?
4. ¿Has pensado en la noción de que Dios quiere curarte de adentro hacia afuera? ¿Cómo marcaría esto una diferencia significativa para ti?
5. ¿Haces declaraciones de la verdad de Dios que no solo son verbales sino también no verbales? Si es así, da algunos ejemplos.

ORACIÓN personal

Padre celestial, necesito desesperadamente escuchar lo que dices desde el cielo. Deseo escuchar y obedecer tu voz. Ayúdame a discernir entre tu palabra y mi mente carnal. Elijo responder con oídos espirituales sensibles. Quiero vivir con el renovado compromiso de hacer declaraciones verbales y no verbales de la verdad. Reconozco que tu palabra no es una cosa sino una Persona. ¡Eres la Palabra! ¡Y te escucho, Señor! Gracias por tu divina interrupción en mi vida para que puedas hablarle a mi corazón. En el nombre de Jesús, amén.

RETO colectivo

Al igual que los dos paralíticos que Jesús encontró, tenemos la oportunidad de escuchar y responder a la Palabra. Podemos quedarnos paralizados física, mental, emocional o espiritualmente, o podemos sanarnos. Sin embargo, a veces lo que impide nuestra curación permanece en nuestra capacidad de escuchar y discernir la voz de Dios. Nuestros oídos espirituales deben desarrollarse más. Permitan que las historias bíblicas sobre cómo Jesús sanó a los dos paralíticos proporcionen un punto de partida para una discusión grupal más profunda sobre cómo escuchar lo que se dice desde el cielo.

1. ¿Alguna vez han escuchado algo de Dios? Si es así, ¿cuándo fue la última vez y qué dijo?
2. A diferencia del centurión que confió en la Palabra de Jesús, ¿algunas veces cuestionan lo que escuchan? ¿Les cuesta saber si es Dios quien les habla? Den un ejemplo de esto en sus propias vidas.
3. Cuando bajaron al paralítico por el techo, los líderes religiosos se apresuraron a limitar su respuesta a sus propias opiniones. Escucharon lo que se decían unos a otros en vez de escuchar a Jesús. ¿Cómo distinguen entre su propia voz interior y la del Señor?
4. ¿Han pensado en la noción de que Dios quiere curarlos de adentro hacia afuera? Discutan acerca de las implicaciones de esto y cómo les afecta a ustedes y a los demás.

5. Comenten sus pensamientos sobre lo siguiente:
   a. Su mente carnal (que buscará abrumarlos)
   b. Su mente espiritual (que puede ser animada por una palabra de Dios)
6. Cuando el hombre paralítico fue bajado por el techo, esa acción audaz hizo una declaración no verbal sobre su fe en Jesús. Discutan acerca de las declaraciones verbales y no verbales. ¿Cuál es la diferencia entre ellas?
7. La Escritura declara: "Entonces la Palabra se hizo hombre y vino a vivir entre nosotros. Estaba lleno de amor inagotable y fidelidad. Y hemos visto su gloria, la gloria del único Hijo del Padre" (Juan 1:14 NTV). Analicen la noción de que la Palabra es "una persona" y no "una cosa".
8. Dios puede hablarles en cualquier momento y en cualquier lugar. ¿Escuchan su voz en este instante? Si es así, ¿qué está diciendo?

7

Enrólate como socorrista

Les ruego que vivan de una manera digna del llamamiento que han recibido.

Efesios 4:1

Algunos de los héroes más grandes del siglo veintiuno son los primeros que acuden a ayudar, los que aparecen inmediatamente en medio de una crisis. Cuando comenzó la pandemia de coronavirus, socorristas de todo el mundo se unieron para atender a los que sufrían los embates de la enfermedad. Un médico, Luigi Cavanna, que era el jefe de la sala de oncología del hospital Guglielmo da Saliceto en Piacenza, Italia, decidió visitar a las personas en sus hogares. Al respecto, dijo:

> Me di cuenta de que no debíamos esperar que los pacientes con COVID-19 llegaran al hospital. Necesitábamos ir a las casas de la gente… Así que comencé a manejar por los alrededores de Piacenza con mi personal… Hasta

ahora hemos visitado a casi 300 pacientes... Soy uno de esos médicos que podrían haberse jubilado, pero decidí no hacerlo. No soy alarmista por naturaleza, pero esto es una tragedia. Y todos debemos hacer lo que podamos, y lo que podamos hacer mejor, para afrontarlo.[1]

¿Con qué frecuencia vemos a un socorrista como el Dr. Cavanna correr en medio de una crisis para salvar una vida o marcar la diferencia donde más se necesita? Los socorristas se alistan rápidamente para servir a los demás en momentos de necesidad y, por lo general, no se preocupan por sus propias vidas. Como dijo Dennis Canale, que sirvió en la Unidad de Servicios de Emergencia (ESU, por sus siglas en inglés) del Departamento de Policía de Nueva York durante dieciséis años:

Desafortunadamente, pasé por el 11 de septiembre, trabajé en la Zona Cero durante varios meses. He observado la manera en que mis colegas socorristas se sumergen directamente en las crisis, sin tener en cuenta su propia seguridad, solo por el bienestar de los demás.[2]

En verdad, las palabras parecen inadecuadas para expresar aprecio por los que sirven en la primera línea en sus comunidades.

De la misma manera, ¿sabías que Dios recluta socorristas para su reino? Un día, mientras Jesús viajaba por los pueblos y aldeas alrededor de Galilea, vio una multitud de personas que sufrían enfermedades y otras dificultades. A causa de eso, se sintió profundamente conmovido y dijo: "La cosecha es abundante, pero son pocos los obreros —les dijo a sus discípulos—. Pídanle, por tanto, al Señor de la cosecha que envíe obreros a su campo" (Mateo 9:37-38).

Jesús reconoció la magnitud de la tarea y la urgente necesidad de más trabajadores, los que servirían en el campo de cosecha del reino, por lo que desafió a sus seguidores no solo a enrolarse como socorristas, sino también a reclutar a otros.

El apóstol Pablo reforzó esta idea cuando escribió: "Por eso yo, que estoy preso por la causa del Señor, les ruego que vivan de una manera digna del llamamiento que han recibido" (Efesios 4:1). Pablo había experimentado una interrupción divina. Cuando todavía se le conocía como Saulo, estaba sediento de la sangre de los seguidores de Cristo. Pero un día, una luz brillante lo abrumó al punto que cayó al suelo (ver Hechos 9:3-4). Jesucristo le habló en medio del camino, por lo que fue cautivado por su llamamiento. Después, todo cambió. Saulo se enlistó como socorrista en el reino de Dios y se le dio un nuevo nombre: Pablo.

¿Sabes lo que significa experimentar una interrupción divina y ser cautivado por tu llamamiento? Yo lo sé en cierta forma. Cuando tenía ocho años, asistí a un campamento para niños en el estado de Michigan. Allí fui cautivado por Cristo. Me encontré de rodillas sobre un piso de cemento mientras el Espíritu Santo hablaba a mi corazón con respecto a la predicación del evangelio a las naciones del mundo. Por supuesto, no entendía la naturaleza extensa de lo que Dios me había dicho, pero recuerdo que lloré y declaré apasionadamente, tan bien como un niño de ocho años puede hacerlo, lo siguiente: "Señor, seré lo que quieres que sea, haré lo que quieras que yo haga e iré a donde quieras que vaya".

Sin embargo, después de mi experiencia, al igual que Pablo, me enfrenté a una decisión. ¿Aceptaría y seguiría el llamamiento de Dios para mi vida? ¿O seguiría mis propios planes? Al reflexionar en esas preguntas a lo largo de mi vida, me he convencido de que Dios está más preocupado por nuestra disponibilidad que por nuestra capacidad. No busca a las personas más talentosas, aunque ciertamente las aprecia. Tampoco busca personas que puedan ser propensas a cambiar la letra de la canción "Yo me rindo a él" por algo como "Trataré de rendirme a él". No, él elige personas que entreguen todo por su llamamiento, que estén dispuestas a hacer su voluntad y que se enlisten como "socorristas" en su reino.

¿Has sido llamado?

Si eres cristiano, has sido llamado por Dios, ya sea que te hayas dado cuenta o no. Y eso significa que cada cristiano está en medio de un proceso de descubrimiento con respecto al llamamiento que le extiende Dios. Pablo les dijo a los corintios: "Cada uno debe vivir *conforme a la condición que el Señor le asignó* y a la cual Dios lo ha llamado. Esta es la norma que establezco en todas las iglesias" (1 Corintios 7:17, énfasis añadido).

¿Qué le ha asignado Dios a cada hombre? ¿Y qué estableció Pablo en todas las iglesias? Simplemente esto, que todos tienen un llamamiento y que todos deben llevarlo a cabo. En lo personal, tienes un llamado y debes llevarlo adelante. Y tu llamamiento no ha venido de un cónyuge, de un jefe ni de un pastor, sino del Ser divino que te creó.

Por eso es que Pablo lo expresó de la siguiente manera: "Por eso yo, que estoy preso por la causa del Señor, les ruego que *vivan de una manera digna del llamamiento* que han recibido" (Efesios 4:1, énfasis añadido). Lo dirigió a los cristianos de Éfeso y, por extensión, a cualquiera que haya sido llamado a convertirse en ciudadano del reino de Dios. Pablo nos suplicó a todos nosotros a través de su Carta a los Efesios: "Vivan de una manera digna del llamamiento de Dios. No sigan su propia agenda".

Por desdicha, las agendas, planes y preferencias personales pueden distraernos con demasiada frecuencia de nuestro llamamiento. Un niño se dirigía a la iglesia con dos monedas de veinticinco centavos que le dio su madre. Ella le dijo que podía gastar una moneda como quisiera y que pusiera la otra en el plato de la ofrenda de la iglesia. Pero mientras corría por la acera en dirección a la iglesia, el chico tropezó y se cayó. Una de las monedas se le escapó de la mano y se deslizó hacia la alcantarilla. Cuando vio lo que había sucedido, dijo: "¡Guao! Dios, se me perdió tu moneda".[3] En situaciones tan inesperadas, Dios parece quedarse con nuestras sobras. Nuestros planes tienen prioridad sobre los de él.

Desde el principio, la humanidad ha luchado contra lo que llamo el síndrome de "¡Guao! Dios, se me perdió tu moneda". Cuando Dios puso a Adán en el jardín, lo llamó a cuidar las plantas y los animales así como también a mantener la comunión con él (ver Génesis 2:15). Lamentablemente, Adán se ocupó de su propio plan: comió algo de la fruta del único árbol del que había sido advertido. En el proceso, el llamamiento del huerto de Adán (que era un llamamiento para toda la humanidad) tuvo que ser abandonado. La única forma en que Dios podía restaurarlo era enviando a su Hijo. Las acciones del "primer Adán" convirtieron el jardín en un erial, pero el "segundo Adán" puso en marcha un plan para volver a convertir el erial en un jardín. En esencia, Jesucristo se convirtió en el Jardinero supremo y restauró el llamado de Adán a sus descendientes. Jesús lo expresó hermosamente, diciendo: "Permanezcan en mí, y yo permaneceré en ustedes. Así como ninguna rama puede dar fruto por sí misma, sino que tiene que permanecer en la vid, así tampoco ustedes pueden dar fruto si no permanecen en mí" (Juan 15:4).

Lo curioso es que cuando Jesús resucitó de entre los muertos y María Magdalena fue la primera persona en verlo, ¿a quién creyó ver? ¡A un jardinero (ver Juan 20:15)! Esto no es casualidad. Cuando conozcas al Cristo resucitado, tú también lo verás como el Jardinero de tu llamamiento. Y tal como lo hizo con María Magdalena, te dará instrucciones: "Ve más bien a mis hermanos y diles..." (Juan 20:17). O como le habló al apóstol Pablo en el camino a Damasco, te capturará e iniciará tu llamamiento: "Yo soy Jesús, a quien tú persigues... Levántate y entra en la ciudad, que allí se te dirá lo que tienes que hacer" (Hechos 9:5-6).

No quiero sugerir que perseguimos a Jesús cada vez que le damos solo las sobras de nuestras vidas, pero sí que nosotros, como Pablo, deberíamos alistarnos como socorristas. Tú y yo debemos prepararnos para escuchar sus instrucciones en cuanto a nuestras vidas, de modo que podamos proceder a vivir de una manera digna de su llamamiento.

¿Cuál es tu llamamiento?

Primero, necesitamos entender qué debemos buscar cuando decimos "llamamiento". ¿Cómo podemos vivir de una manera digna de nuestro llamamiento si el término nos resulta incomprensible?

En el Antiguo Testamento, el llamamiento de uno parecía ser más una invitación a vivir en relación con Dios; tenía que ver con "ser". Dios llamó al mundo, a la humanidad y a la nación de Israel a la existencia. Sin embargo, el llamamiento neotestamentario incluye más un llamado a servir a Dios de una manera y en un tiempo únicos; tiene que ver con "hacer". Hoy, hemos sido llamados a ser los propios hijos de Dios, y el llamamiento de Dios a la relación suscita un llamado al servicio.[4]

La naturaleza divina del llamamiento de uno exige una respuesta personal a una relación integral. Cuando entramos en una verdadera relación con Dios, debemos darle tanto nuestra capacidad como nuestra disponibilidad. Presta atención: *Tu llamamiento es tomar lo que Dios te ha dado y devolvérselo.*

Si eres creativo diseñando gráficos, devuélvele ese don a Dios. Si tienes talento en los negocios, devuélveselo a Dios. Si eres excelente en la enseñanza, devuélveselo a Dios. Cualquier habilidad que Dios te haya dado, devuélvesela. Analicemos esto más a fondo. ¿Cómo encajan las habilidades que Dios te ha dado en tu llamamiento?

Nacido con habilidades dadas por Dios

Cuando naciste, recibiste las habilidades que Dios te dio. Él colocó ciertos dones y habilidades dentro de tu ADN físico. ¡Dios hizo eso! "Dios, en su gracia, nos ha dado dones diferentes para hacer bien determinadas cosas" (Romanos 12:6 NTV). ¿Has pensado alguna vez en el hecho de que fuiste concebido por Dios mucho antes de que tus padres te concibieran?

A menudo, tus habilidades son determinadas por la condición física que Dios te dio. ¿Cómo puede un jugador de baloncesto convertirse en jinete de caballos, o un jinete de caballos competir en lucha de sumo? Los jugadores de baloncesto no fueron creados para montar caballos de carreras ni los jinetes para luchar sumo. Algunas personas tienen la forma y el físico que les permite levantar pesas y convertirse en fisicoculturistas, mientras que otras no. Algunas tienen la gracia y la delicadeza que les permite convertirse en bailarinas, mientras que otras podrían hacer piruetas por horas y no lograr nada más que un mareo continuo.

Dios diseñó a cada criatura con ciertas habilidades; cada uno sobresaldrá en ciertas áreas. El pato está destinado a nadar. El conejo está destinado a correr. La ardilla está destinada a trepar y el águila a volar. Estás destinado a ser tú; cosa que nadie más que tú hará. En uno de sus ensayos más conocidos, "Autosuficiencia", Ralph Waldo Emerson escribió una vez: "En la educación de todo individuo hay un momento en que este llega a la convicción de que la envidia es ignorancia, que la imitación es un suicidio y que, para bien o para mal, debe tomarse a sí mismo como vara de medir".[5]

¿Alguna vez te has sentado en un centro comercial u otro lugar público a ver el desfile de personas que pasan frente a ti? No hay dos iguales. A nuestro Dios Creador le encanta la creatividad y la variedad; por eso, cada uno de los miles de millones de individuos que existen o que alguna vez han existido en este planeta son singularmente diferentes.

Los biólogos nos dicen que cada uno de nosotros tiene 46 cromosomas: 23 de nuestro padre y 23 de nuestra madre. Esos cromosomas son invaluables, porque determinan todo, desde el color de tus ojos hasta la cantidad de pelos que tendrás en tu cabeza.

Considera lo absolutamente único que eres:

> La probabilidad matemática de que tengas los veintitrés cromosomas exactos que obtuviste de tu madre es de .5 elevado a la veintitresava potencia. Eso es 1 en 10 millones. Pero lo mismo ocurre con los veintitrés cromosomas que obtuviste de tu padre. Entonces, si multiplicas esos dos números, la probabilidad de que seas tú es 1 en 100 billones. Pero también debes tener en cuenta que el historial cromosómico de tus padres tenía la misma probabilidad, igual que sus padres y los padres de sus padres. ¿Cuál es el punto? Que eres incalculablemente único.[6]

Los sociólogos también han mostrado que la persona promedio tiene entre quinientos y setecientos tipos de habilidades diferentes.[7] Algunas personas son buenas con las computadoras, mientras que otras lo son con las operaciones mecánicas. Algunos son buenos con los números, mientras que otros son buenos con las palabras. Diversas personas son buenas con la música, las ideas o los procesos de pensamiento. Otras tienen la capacidad de cocinar, dibujar, hablar, investigar, diseñar paisajes o construir. Esas habilidades no son accidentales, sino creacionales. Son habilidades dadas por Dios.

Y, sin embargo, esas habilidades no tienen que ver con tu llamamiento. Pablo no te dijo que vivieras de una manera digna de tus *habilidades*, sino que vivieras de una manera digna de tu *llamamiento*. Cuando naciste, recibiste las habilidades que Dios te dio, pero cuando naciste de nuevo, recibiste un llamamiento dado por Dios.

Nacido de nuevo con un llamamiento dado por Dios

Cuando experimentas la salvación (o naces de nuevo) en Cristo, el propósito de tu vida cambia. Para ganarse la vida, Pedro, Andrés, Jacobo y Juan solían pescar, pero después de nacer de nuevo comenzaron a pescar hombres. Pablo persiguió cruelmente al evangelio, pero después de nacer de nuevo lo predicó. De la misma manera, después que recibes la salvación, pasas de una carrera a un llamamiento.

Debemos reconocer la diferencia; una carrera y un llamamiento no son lo mismo. Sé que estas nociones a menudo son confusas, especialmente para los que no son seguidores de Cristo, así que permíteme ofrecer algunas aclaraciones. Una vez que naces de nuevo, tu carrera y tu llamamiento se convierten en dos entidades separadas, porque tu decisión de seguir al Señor Jesucristo te ha enrolado automáticamente como socorrista en el reino de Dios. Tu decisión de seguir a Cristo te pone en el camino de hacer algo más que simplemente seguir una carrera.

Una carrera hace del mundo un lugar mejor, mientras que el llamamiento hace del reino un lugar mejor.

Una carrera te permite hacer algo de importancia terrenal, mientras que el llamamiento te permite hacer algo de relevancia eterna.

Como cristiano que está llamado a vivir de una manera digna de su llamamiento, ahora se te pide que conectes tu carrera con tu llamamiento en el reino de Dios. Una persona no cristiana que trabaja en marketing probablemente pueda hacer del mundo un lugar mejor, pero un cristiano que trabaja en marketing está llamado a usar sus habilidades mercadotécnicas para hacer del reino de Dios un lugar mejor. Una persona de negocios incrédula puede proporcionar insumos a otras personas y hacer del mundo un lugar mejor en el proceso, pero una persona de negocios cristiana está llamada a brindar insumos que hacen del reino un lugar mejor. Un maestro no cristiano puede enseñar a los niños a leer y escribir, y hacer del mundo un lugar mejor; pero un maestro cristiano está llamado a usar ese don de enseñanza para ir más allá: lograr algo de significado eterno.

Esto es abrumador y las implicaciones son asombrosas. Innumerables cristianos de todo el mundo no han reconocido esta distinción entre carrera y llamamiento. Lo lamentable es que han seguido carreras pero han menospreciado sus llamamientos. Al servir en una carrera para hacer del mundo un lugar mejor, es posible que descubran demasiado tarde que estaban subiendo una escalera de éxito que se apoyaba en el edificio equivocado.

Nunca olvidaré a la maestra de escuela que se me acercó después del servicio en la iglesia un domingo. Yo había compartido varios de estos pensamientos en mi sermón de esa mañana y ella me dijo que tenía problemas para aceptar las implicaciones de su propia vida. Me reveló sus sentimientos sinceros de que su carrera como maestra de escuela primaria era demasiado agotadora para permitirle también ser voluntaria y enseñar a los niños de la congregación de la iglesia. Con el mayor cariño posible, le hablé sobre su disposición a usar los dones que Dios le había dado para ejercer un impacto terrenal, pero que no generaban un impacto eterno. Ella reconsideró el asunto y comenzó a enseñar a los niños en la iglesia, además de enseñarles los días de semana en la escuela.

El llamamiento que Dios te dio no es igual a tu carrera profesional, aunque los dos pueden parecer superpuestos. Las personas que tienen maravillosas habilidades empresariales y sirven a sus comunidades con excelencia necesitan conectar su destreza de liderazgo con Dios y su reino para poder seguir el llamado que Dios les ha dado. Aquellos que sirven como médicos y enfermeras en centros de salud, que atienden a personas que sufren enfermedades físicas, tienen enormes dones y habilidades que ofrecer a Dios y su reino. Incluso permaneciendo exactamente en los mismos trabajos, es posible que puedan hacer algo de trascendencia eterna.

Para vivir de una manera digna de tu llamamiento, debes conectar tu carrera con el reino de Dios. Cuando eliges hacer esto, te asocias con Dios. Esto cerrará la distancia entre tú y Dios, y tendrás un impacto en los que te rodean.

La verdadera obra de la iglesia no es relevante cuando levantamos la cruz en ella; trasciende cuando la levantamos en el mercado. Cuando Jesús fue crucificado, no cargó su cruz por los callejones de la ciudad; llevó su cruz por el mismo centro, donde se concentraba todo el comercio y el tráfico peatonal. En el caso de la maestra de escuela que mencioné anteriormente, no tenía la intención de convencerla de que se convirtiera en otra voluntaria (aunque ese servicio ciertamente es bienvenido en la iglesia). Al contrario, simplemente quería desafiarla a ser más intencional en el uso de sus dones y habilidades para que magnificaran aún más el nombre de Jesucristo. En verdad, debemos exaltar la cruz de Cristo en las cámaras del ayuntamiento, en las aulas de nuestras instituciones educativas, en las habitaciones de los hospitales y centros de salud y en los estudios de grabación de nuestros centros de entretenimiento así como también en todos los lugares donde trabajamos y jugamos.

Hace poco escuché la interesante estadística de que aproximadamente el tres por ciento de los asistentes a la iglesia recibirán apoyo financiero como resultado de su trabajo en una congregación local. Aunque esto puede parecer un dato desalentador, me emocioné porque me di cuenta de que el otro noventa y siete por ciento de todos los asistentes a la iglesia deben tener la oportunidad de dar a conocer al Señor Jesús en todos los demás sectores de la sociedad. Si Dios solo llamara al tres por ciento, el mundo nunca sería alcanzado por el amor de Cristo. Pero como la cosecha es abundante, no llamó solo al tres por ciento; también llamó al otro noventa y siete por ciento a ir al mundo y hacer una diferencia para el reino.

Cuando Pablo fue cautivado por su llamamiento, dejó de ser un fariseo que perseguía continuamente a los cristianos. Conectó su capacidad y disponibilidad con el reino de Dios. Comenzó a viajar a lugares como Atenas, una ciudad escéptica llena de idolatría, donde pudo usar su extensa educación y habilidades oratorias para enfrentarse a los filósofos e intelectuales con su poderoso sermón sobre el Dios desconocido (ver Hechos 17:23). Su audacia y asertividad naturales le sirvieron de mucho cuando predicó ante los judíos que odiaban a Cristo, el gobernador Tértulo, Félix su sucesor, el rey Agripa y los de la casa de César. Pablo no vivió de manera digna de su llamamiento porque era un cristiano extraordinario; se convirtió en un cristiano extraordinario porque conectó sus dones con el reino.

¿Cómo vives de una manera digna de tu llamamiento?

Una vez que descubras el "qué" de tu vocación, el reto inminente del "cómo" sale a la superficie. ¿Cómo vives de una manera digna de tu llamamiento? En su libro *El llamamiento*, Os Guinness escribió: "El llamamiento no es solo una cuestión de ser y hacer lo que somos, sino también de convertirnos en lo que aún no somos, pero que Dios nos llamó a ser".[8] En otras palabras, comienzas un viaje espiritual que cambia tu atención de la persona que eres a la persona en la que necesitas convertirte en Dios. Te embarcas en un viaje desde el "ahora" al "todavía no". Frederick Buechner afirma de manera similar: "También enterradas en mí están todas las personas que aún no he sido pero que podría llegar a ser algún día".[9] Vivir de manera digna de tu llamamiento implica un viaje progresivo de descubrimiento hacia la persona en la que te estás convirtiendo en Dios.

Sin embargo, inevitablemente todos nos encontraremos con obstáculos. Permíteme desarrollar cuatro barreras que pueden presentarse a medida que avanzamos hacia el descubrimiento de esa persona que Dios ha destinado que seamos.

Supera el dolor personal

En los deportes profesionales, los jugadores a veces se colocan en la lista de lesionados porque son lastimados y no pueden jugar. Es posible que estén en esa lista durante unos días o una temporada completa, pero su dolor personal los mantiene fuera del juego. Como cristianos, debemos controlar nuestra angustia y dolor personal para asegurarnos de no terminar en la lista de lesionados por un período prolongado de tiempo, y si eso nos pasa, debemos hacer todo lo posible para volver al juego tan pronto como podamos.

Si alguien pudo haber renunciado a su llamado debido a su dolor personal, debió haber sido el apóstol Pablo. El escribió:

> ¿Son servidores de Cristo? ¡Qué locura! Yo lo soy más que ellos. He trabajado más arduamente, he sido encarcelado más veces, he recibido los azotes más severos, he estado en peligro de muerte repetidas veces. Cinco veces recibí de los judíos los treinta y nueve azotes. Tres veces me golpearon con varas, una vez me apedrearon, tres veces naufragué, y pasé un día y una noche como náufrago en alta mar. Mi vida ha sido un continuo ir y venir de un sitio a otro; en peligros de ríos, peligros de bandidos, peligros de parte de mis compatriotas, peligros a manos de los gentiles, peligros en la ciudad, peligros en el campo, peligros en el mar y peligros de parte de falsos hermanos. He pasado muchos trabajos y fatigas, y muchas veces me he quedado sin dormir; he sufrido hambre y sed, y muchas veces me he quedado en ayunas; he sufrido frío y desnudez. Y, como si fuera poco, cada día pesa sobre mí la preocupación por todas las iglesias.
>
> 2 Corintios 11:23-28

Lo sorprendente es que esta ni siquiera es una lista completa de sus sufrimientos, porque las cartas de Pablo a los corintios fueron escritas antes de su encarcelamiento en Jerusalén y el posterior naufragio en el Mediterráneo en su trayecto a Roma. Después de escribir esta carta, ¡Pablo sería encarcelado tres veces más! Pero independientemente de sus circunstancias, no permitió que su dolor lo mantuviera en la lista de lesionados. Continuó viviendo de una manera digna de su llamamiento.

Supera las prioridades desplazadas

Las exigencias de la vida pueden llenar tu agenda con más preocupaciones temporales de las que crees. Puedes estar tan imbuido ascendiendo la escalera corporativa, manteniendo tu itinerario o disfrutando de la última moda, que no puedes ni intentar vivir de una manera digna de tu llamamiento.

El joven rico del que leemos en Lucas 18 ciertamente me viene a la mente. Como Pablo, había crecido "en la religión". Había guardado todos los mandamientos y había disfrutado de cierta riqueza y prosperidad. Pero cuando buscó al rabino Jesús, sus prioridades desplazadas le impidieron aceptar su llamamiento y se alejó de Cristo.

Por supuesto, "las dádivas de Dios son irrevocables, como lo es también su llamamiento" (Romanos 11:29), o "sin arrepentimiento", como dice la versión Reina-Valera Antigua. Cuando el joven rico se marchó, Dios no le quitó sus dones. Si alguien tiene una excelente voz para cantar, Dios no es tan mezquino como para quitársela y decir: "Bueno, si no cantas para el reino, entonces revocaré tu don". Las prioridades desplazadas generalmente no dañan tu don, pero ciertamente pueden disminuir tu llamamiento.

Supera la ofensa relacional

Hace un tiempo escuché una historia interesante sobre una mujer que publicó un anuncio en el periódico. Puso a la venta un Mercedes nuevo por cincuenta dólares. Al responder al anuncio un joven, con cierta incredulidad, la mujer le dijo que cuando su esposo la dejó por una mujer más joven, le informó que podía quedarse con todo menos con el Mercedes. Por eso le pidió que vendiera el vehículo y que le entregara la cantidad recibida a cambio. ¡De ahí su rencoroso precio de venta de cincuenta dólares! Aunque la acción de esa mujer puede parecer justificable, revela una motivación vengativa. Con la ayuda de Dios, podemos superar cualquier ofensa relacional.

Pablo experimentó ambos lados de una ofensa relacional con su joven pupilo Juan Marcos. Pablo y Bernabé habían llevado al joven a su primer viaje misionero pero, por alguna razón, regresó a casa antes de tiempo (ver Hechos 13:13). Pablo se sintió abandonado y ofendido, por lo que decidió que Juan Marcos no los acompañara en su próximo viaje. Sin embargo, Bernabé insistió en que debía acompañarlos. Eso hizo que Pablo agraviara a Bernabé, tanto que Pablo y Bernabé tuvieron que irse por caminos separados por algún tiempo.

Nos alegra ver que se reconciliaron más tarde y que la ofensa de Pablo no afectó su llamamiento (ni el de ellos). Sin embargo, ese no es siempre el caso. Demasiadas personas no logran reconciliar sus diferencias con los demás y, en consecuencia, reprimen sus llamamientos.

Supera la baja autoestima

¿Cuántos cristianos terminan haciendo muy poco para Dios porque luchan con la falta de autoestima? Sienten que su contribución al reino es tan insignificante que ni siquiera justifican una invitación a la fiesta. Mientras todos los demás están en el baile de Cenicienta, ellos están afuera cuidando las ovejas de su padre. Mientras sus hermanos se alinean con sus trajes y corbatas para festejar con el profeta y todas sus hermanas esperan su baile con el príncipe, ellos están desenredando los nudos de la lana de sus ovejas.

¿Alguna vez te has sentido así? Si es así, permíteme recordarte que Dios no te ha olvidado. Aunque otros puedan mirar tu apariencia exterior, Dios ve tu corazón. Todos los demás pueden celebrar en la fiesta, pero Dios te ve allí machacando esos números, blandiendo ese martillo o bañando a esos ancianos porque no pueden hacerlo por sí mismos. Puede que todavía no lo veas, pero Dios ya se ha preparado para tu llegada como lo hizo cuando David estaba cuidando el rebaño de ovejas de su padre.

El profeta Samuel le dijo a Isaí, el padre de David: "Manda a buscarlo [a David], que no podemos continuar hasta que él llegue" (1 Samuel 16:11). ¿Te lo imaginas? Todos se pusieron en posición de firmes cuando David llegó. Sus hermanos y sus hermanas se habían puesto sus mejores galas de domingo y luego entró David, estropeado y todavía oliendo a oveja. Cuando David entró en la fiesta, todos los ojos estaban puestos en él.

Escucha con atención, ¡el mundo entero espera a los llamados! La cosecha es abundante y el mundo necesita que los creyentes se alisten como socorristas, individuos que tienen la intención de convertirse en la mejor versión de la persona que Dios ideó que fueran, únicos en su capacidad, en su disponibilidad y listos para revelar la grandeza de Dios dondequiera que vayan.

Los llamados son tan cautivados por su llamamiento que el dolor personal, las prioridades desplazadas, la ofensa relacional o la baja autoestima nunca evitarán que se acerquen más a Dios.

Quizás la mejor ilustración de eso se puede ver cuando Pablo fue apedreado y dado por muerto en su primer viaje misionero:

> En eso llegaron de Antioquía y de Iconio unos judíos que hicieron cambiar de parecer a la multitud. Apedrearon a Pablo y lo arrastraron fuera de la ciudad, creyendo que estaba muerto. Pero, cuando lo rodearon los discípulos, él se levantó y volvió a entrar en la ciudad. Al día siguiente, partió para Derbe en compañía de Bernabé.
>
> Hechos 14:19-20

RETO personal

Cuando te conviertes en seguidor de Jesucristo, eres miembro destacado de los llamados y te enrolas como socorrista en el reino. En ese momento, comienzas a hacer algo de trascendencia eterna, no meramente terrenal.

Por tanto, la pregunta primordial sigue siendo: ¿Cuál es tu llamamiento? ¿Estás viviendo de una manera digna de él? ¿Estás conectando tu capacidad y tu disponibilidad con el reino? Cuando era niño, en ese piso de cemento de aquel campamento de Michigan, me enfrenté a una decisión. ¿Diría sí o no? Cuando Dios te insta a tu llamamiento, puedes aceptarlo o rechazarlo. Puedes correr hacia él o, como Jonás, puedes huir de él. Afortunadamente, Dios no se rinde con facilidad. Continuará interrumpiendo el flujo de tu vida y llamará tu atención.

Ahora mismo, quiero desafiarte. Es hora de "vivir de una manera digna de tu llamamiento". Decide superar todas y cada una de las barreras que te mantienen al margen y fuera del juego. Es hora de que hagas una declaración personal con el apóstol Pablo.

> Es más, todo lo considero pérdida por razón del incomparable valor de conocer a Cristo Jesús, mi Señor. Por él lo he perdido todo, y lo tengo por estiércol, a fin de ganar a Cristo y encontrarme unido a él. No quiero mi propia justicia que procede de la ley, sino la que se obtiene mediante la fe en Cristo, la justicia que procede de Dios, basada en la fe.
>
> Filipenses 3:8-9

EVALUACIÓN personal

En el ejemplo del apóstol Pablo encontramos a alguien que fue cautivado por su llamamiento. Permite que las lecciones que has aprendido en este capítulo te impulsen a evaluar tu propio llamamiento y a vivir de una manera digna de él.

1. El apóstol Pablo declaró: "Yo... preso por la causa del Señor" (Efesios 4:1). ¿En qué manera eres tú también preso por la causa del Señor? ¿Cuáles son las implicaciones para tu vida?
2. Cuando naciste, recibiste las habilidades que Dios te dio. Enumera los dones que puedes ver en ti.
3. ¿Cómo has aprendido a conectar tus dones con el reino de Dios? ¿Qué te ayudaría a hacerlo mejor?
4. Evalúa si el dolor personal, las prioridades desplazadas, la ofensa relacional o la baja autoestima se han convertido en obstáculos para ti.
5. Evalúa si estás viviendo de una manera digna de tu llamamiento.

ORACIÓN personal

Padre celestial, cautiva mi corazón con tu llamamiento. No hay duda de que me has creado con dones y que deseas que los conecte con tu reino. Te doy todo lo que soy y lo que tengo. El dolor personal no me sacará del juego. Las prioridades desplazadas no desviarán mi tiempo ni mi energía lejos de ti. La ofensa relacional no me inhabilitará. La baja autoestima no hará que renuncie a mi llamamiento. Seré lo que tú quieres que sea, haré lo que tú quieras que haga e iré a donde tú quieras que vaya. Te entrego el jardín de mi vida a ti, el Jardinero supremo, y declaro que viviré de una manera digna de mi llamamiento. En el nombre de Jesús, amén.

RETO colectivo

En el ejemplo del apóstol Pablo, encontramos a alguien que fue cautivado por su llamamiento. Y al igual que Pablo, cualquiera de nosotros puede discutir con Dios. Pero si realmente buscamos acercarnos más a él, le permitiremos ganar la discusión siempre. Deja que las lecciones que has aprendido en este capítulo te ayuden a emprender una discusión tipo "inmersión más profunda" con tu grupo.

1. El apóstol Pablo declaró: "Yo... preso por la causa del Señor" (Efesios 4:1). Analicen las implicaciones de su declaración para todos los cristianos.
2. Cuando nacieron, recibieron las habilidades que Dios les dio. Discutan entre ustedes cuáles dones pueden identificar en sus vidas.
3. ¿Cuáles son algunas de las razones por las que las personas pueden tener dificultades para conectar sus dones con el reino de Dios?
4. Discutan la diferencia entre los dones que Dios da y el llamamiento que Dios hace.
5. Analicen las implicaciones de las estadísticas sobre el porcentaje relativamente pequeño de personas que asisten a iglesias y que trabajan para ellas, en comparación con el gran porcentaje que labora en trabajos seculares.
6. Analicen cómo pueden impedirles —los puntos enumerados abajo— que vivan de una manera digna de su llamamiento:
   a. El dolor personal.
   b. Las prioridades desplazadas.
   c. La ofensa relacional.
   d. La baja autoestima.
7. Discutan entre ustedes cómo sienten que están viviendo de manera digna de su llamamiento.

8

Reproducción más
que producción

"Por tanto, vayan y hagan discípulos de todas las naciones, bautizándolos en el nombre del Padre y del Hijo y del Espíritu Santo, enseñándoles a obedecer todo lo que les he mandado a ustedes. Y les aseguro que estaré con ustedes siempre, hasta el fin del mundo".

Mateo 28:19-20

Justo antes de que el Señor resucitado ascendiera al cielo, les dio algunas instrucciones importantes —de última hora— a los discípulos. En una de las declaraciones más penetrantes de las Escrituras, vislumbramos el plan global de Dios para la tierra y nuestro papel en él:

> Por tanto, vayan y hagan discípulos de todas las naciones, bautizándolos en el nombre del Padre y del Hijo y del Espíritu Santo, enseñándoles a obedecer todo lo que

les he mandado a ustedes. Y les aseguro que estaré con
ustedes siempre, hasta el fin del mundo.

Mateo 28:19-20

Durante los primeros tres siglos del cristianismo, las
iglesias solo tenían porciones de los 27 libros del Nuevo
Testamento y tal vez una copia de la Septuaginta, la versión griega del Antiguo Testamento.[1] Los creyentes encontraron vital la lectura pública de las Escrituras porque
no poseían copias personales de la Palabra de Dios. Sin
embargo, a pesar de esa escasez de Escritura, casi todos
los cristianos conocían partes específicas de los libros de
Isaías y Miqueas. Con referencia al libro de Isaías, incluso
el antiguo padre de la iglesia, Orígenes, preguntó: "¿Quién
no conoce este pasaje?".[2]

En los últimos días, el monte de la casa del Señor será
establecido como el más alto de los montes; se alzará
por encima de las colinas, y hacia él confluirán todas las
naciones.

Isaías 2:2

En los últimos días, el monte del templo del Señor será
puesto sobre la cumbre de las montañas y se erguirá por
encima de las colinas. Entonces los pueblos marcharán
hacia ella, y muchas naciones se acercarán, diciendo:
"Vengan, subamos al monte del Señor, a la casa del Dios
de Jacob. Dios mismo nos instruirá en sus caminos, y
así andaremos en sus sendas". Porque de Sión viene la
instrucción; de Jerusalén, la palabra del Señor.

Miqueas 4:1-2

Los primeros cristianos esperaban que la misión de Cristo atrajera a todas las naciones del mundo y, aunque el

llamado a subir al "monte del Señor" apuntaba hacia un lugar específico, el énfasis aún permanecía en alcanzar a todas las personas en todas partes.

A menudo, en el mundo actual, cuando hablamos de "iglesia", hacemos referencia a un lugar específico. Señalamos algo así como la intersección de la Carretera Interestatal 25 y la Autopista 156 o mencionamos un lugar conocido cerca del edificio de la iglesia. Aunque las iglesias de hoy son conocidas por reunirse en un lugar determinado cada semana, la iglesia no es realmente un edificio, un campanario o un lugar en absoluto. ¡La iglesia es un pueblo! Si nos permitimos verla solo como un lugar, podemos desarrollar la mentalidad de "ir a la iglesia" o "hacer iglesia" en vez de "ser iglesia". Iglesia puede llegar a significar los eventos que se llevan a cabo dentro de las instalaciones de la congregación en lugar de las personas que incluso están fuera de esas instalaciones. De muchas maneras, nuestro énfasis puede centrarse más en cómo ejecutar una *producción* que en la reproducción *espiritual*.

Por supuesto, las producciones en sí mismas no son necesariamente enemigas del desarrollo espiritual. Cuando dedicamos tiempo y energía a producir excelentes sermones, reuniones de adoración, ministerios de niños, clases de discipulado y equipos de hospitalidad, ciertamente podemos influir para bien en la vida espiritual de las personas. No podemos negar la cantidad de testimonios que han surgido de nuestro estilo occidental de hacer iglesia. Pero sería negligente si olvidara mencionar el peligro que acecha en medio de todas las actividades y producciones: a saber, la frecuente falta de énfasis en la reproducción y la orden de Jesucristo, "vayan y hagan discípulos".

Ahora bien, algunos pudieran argumentar que las celebraciones dominicales o los eventos semanales de la iglesia logran justamente eso pero, en general, una celebración dominical para la mayoría de las iglesias se trata más de "venir y ver" que de "ir y hacer". Yo diría que a veces todo el trabajo que se invierte en el lado de la producción del ministerio puede incluso servir como un tipo de narcótico espiritual. A veces he visto a los cristianos emocionarse tanto con su servicio dentro de los muros de la iglesia que cuando todo termina, solo quieren ir a casa y descansar. Ya cuando han terminado la producción para el servicio de la iglesia, están demasiado cansados para participar en la misión reproductiva de Dios fuera de ella.

En los últimos años, las iglesias han desarrollado formas innovadoras de llenar los medios con adoración y la Palabra a través de la transmisión de videos en vivo y las redes sociales. Claramente, las iglesias parecen funcionar bien en el aire, pero ¿cómo les va en tierra firme?

¿Qué pasa si la red de internet falla o ya no podemos usarla? ¿Cómo sería la actuación de la iglesia en el campo? ¿Cómo continuaríamos acelerando la misión de Cristo si menos personas estuvieran comprometidas a asistir físicamente a la iglesia?

El experto en crecimiento de iglesias George G. Hunter III se lamenta: "La crisis de nuestro tiempo es que al menos ocho de cada diez iglesias aún no han decidido si tienen la intención de competir por las mentes y los corazones de los seres humanos".[3] Muchas de estas iglesias parecen experimentar una deriva misional y ni siquiera lo saben.

Esto ciertamente no es para defender que detengamos nuestras reuniones semanales en los edificios de las iglesias, porque algo poderoso y efectivo sucede cuando el pueblo de Dios se reúne periódicamente. Pero, ¿qué tal si la intención de Dios es acercarse más a las personas por medio de una "iglesia de todos los días"? ¿Qué pasaría si comenzáramos a reunirnos en hogares, cafeterías e incluso en los edificios de nuestras iglesias a diario? ¿Qué pasaría si reuniones de un menor número de personas tuvieran un mayor potencial para hacer discípulos? O, para decirlo de una manera diferente, ¿qué pasaría si Dios quisiera ver una iglesia cotidiana que estuviera más conectada relacionalmente que relacionada colectivamente, más impulsada por la misión que por los eventos? ¿Qué pasaría si el Comandante Supremo y Jefe de las huestes celestiales prefiriera cambiar por completo nuestro juego en el terreno para hacerlo más centrado en la reproducción que en la producción?

"Vayan y hagan" cristianos

La palabra *vayan* implica un movimiento constante: ¡vayan y manténganse yendo después de eso! De acuerdo con este mandato, todo seguidor de Cristo debe involucrarse deliberadamente con las personas con el propósito de presentarles a Cristo. Jesús reforzó esta idea cuando dijo:

> "Vayan por todo el mundo y anuncien las buenas nuevas a toda criatura".
>
> Marcos 16:15

> "Dondequiera que vayan, prediquen este mensaje: 'El reino de los cielos está cerca'".
>
> Mateo 10:7

Hace algún tiempo, mi esposa Kimberly y yo visitamos el sitio del Álamo en San Antonio, Texas. La frase "Recuerda al Álamo" habla de la gallarda valentía de un remanente de soldados que incluía a Davy Crockett y James Bowie, que lucharon contra un poderoso ejército mexicano dirigido por el general López de Santa Anna. Aunque el ejército mexicano prevaleció en El Álamo, la importancia de esta batalla inspiró a Sam Houston y sus fuerzas tejanas a luchar por una victoria mayor sobre Santa Anna solo 46 días después, y su victoria aseguró una Texas mucho más segura y liberada en 1836.[4]

A pesar de que "Recordar al Álamo" se convirtió en un grito de victoria, algunos cronistas creen que la muerte de esos valientes hombres fue innecesaria. Antes de los eventos del Álamo, el comandante Sam Houston había recomendado una retirada y la destrucción del fuerte, pero el coronel William Travis, responsable de la guarnición, seguía confiando demasiado en su capacidad para defender su posición. Reforzado por la postura decidida de sus hombres, Travis tomó la fatal decisión de mantenerse firme y luchar contra las avasallantes probabilidades.[5]

Por desdicha, la forma de cristianismo que he comenzado a describir arriba me recuerda al Álamo, ya que algunos cristianos parecen estar contentos con su mentalidad de fortaleza. Ya sea por decisión consciente o condicionada culturalmente, han aceptado la noción de que su mera presencia en el edificio de una iglesia les asegurará la victoria en la batalla.

¡Me gustaría recordarles a esos cristianos que no vamos a dar la última batalla en el edificio de una iglesia! Con la asistencia a los templos disminuyendo constantemente durante la última década, la iglesia en general enfrenta dificultades abrumadoras. La noción de que "si construimos un edificio, vendrán" ya no es un mantra viable. En realidad, si lo construimos, *no* vendrán a menos que primero salgamos y los traigamos para que entren.

Cuando Jesús comisionó a sus discípulos "Vayan por todo el mundo y anuncien las buenas nuevas a toda criatura" (Marcos 16:15), escogió la palabra *mundo* (en griego, *kosmos*) para identificar los sistemas políticos o las esferas de influencia. De hecho, el apóstol Pablo usó la misma palabra cuando escribió que Satanás era "el dios de este *mundo*" (ver 2 Corintios 4:4). Eso implica que Satanás no busca obtener acceso a un lugar físico, sino a una esfera de influencia. Hasta el día de hoy, mientras Satanás continúa tratando de infiltrarse y de manipular los sistemas de este mundo, estamos llamados a proclamar el evangelio a los mismos.

Para dicha nuestra, la Gran Comisión de Jesús en cuanto a que "vayan por todo el mundo" no significa que tengamos que movernos al otro lado del planeta para predicar las buenas nuevas de salvación; solo tenemos que acercarnos a aquellos que están en nuestra propia esfera de influencia. Desarraigar a nuestras familias y mudarnos a una nación extranjera no es el objetivo máximo, mientras que compartir el reino de los cielos dondequiera que estemos sí lo es. Jesús instruyó a sus discípulos: "Dondequiera que vayan, prediquen este mensaje: 'El reino de los cielos está cerca'" (Mateo 10:7).

Por tanto, ¿cómo es exactamente tu campo misionero o esfera de influencia más cercana? Puede ser tu barrio o el mercado, donde ya existen todo tipo de culturas. Tu campo misional más cercano podría ser tu centro comunitario, donde los líderes de todas las edades influyen en tu ciudad y tu vecindario. De hecho, encontrarás personas de todos los colores y credos, tribus y lenguas en la mayoría de los centros poblados de hoy.

He decidido hacer de mi conductor de Uber mi campo misionero. A menudo, un viaje en Uber me da el tiempo suficiente para convertir una conversación en una presentación de Cristo. Una mañana me comuniqué con un conductor de Uber para que me llevara al aeropuerto y pude compartir mi fe con Jorge (que no es su nombre real). A pesar de que Jorge se había convertido en conductor de Uber para ganar algo de dinero extra, descubrí que no mucho antes había estado involucrado en el proceso de contratación de tres mil nuevos empleados para una importante compañía de seguros en el área de Dallas-Fort Worth. Luego, por supuesto, cuando la conversación finalmente se trasladó a lo que hago para ganarme la vida, la puerta se abrió de par en par para hablar sobre mis creencias religiosas.

Jorge me dijo que sus padres se habían divorciado cuando él era joven y que por eso le había dado la espalda a la religión y a la asistencia a la iglesia. Sin embargo, cuando expresó su creencia nominal en la existencia de Dios, lo vi como una oportunidad para cerrar su distanciamiento con Dios. Le dije que él era más que carne y hueso y que era un ser espiritual que podía encontrar satisfacción solo en aquel que lo había creado. Después de unos minutos, mencionó que yo era la tercera persona que hablaba con él sobre Dios en las últimas semanas, y admitió medio en broma que esos encuentros deben constituir una especie de señal.

Cuando llegamos al aeropuerto y nos dimos la mano, sostuve la suya unos momentos más para orar con él con el fin de que Dios pudiera interrumpir su vida aún más y comenzara una relación con él. Ese intercambio fue un poco inesperado y me di cuenta de que Jorge estaba un poco conmocionado. Al menos sabía que se había plantado una semilla en su corazón.

Cuando Jesús dijo: "Vayan por todo el mundo [*kosmos*] y anuncien las buenas nuevas a toda criatura", nos lanzó un desafío para llevar el evangelio a nuestro mundo o esfera de influencia. Pero, por supuesto, Jesús también quiso que lleváramos el evangelio a *todas las naciones*. Después de todo, así es como lo expresa nuestro pasaje inicial de la Biblia: "Vayan y hagan discípulos de todas las naciones" (Mateo 28:19). Aquí, "naciones" (en griego, *ethnos*) se refiere específicamente a etnias, culturas, costumbres y a civilizaciones. La implicación es clara: el mandato de Jesús de "ir y hacer" insta a los cristianos a involucrarse con todos los grupos de personas en todos los lugares. *Ethnos* (nación) se refiere a todas las personas, y *kosmos* (mundo) se refiere a todos los lugares. El corazón de Dios llega a todas las personas en todos los lugares.

La comida favorita de los cristianos

En el planteamiento "ven y ve" con respecto a la iglesia, la gente suele esperar que otros se acerquen a ellos por medio de alguna atracción misteriosa, como si los peces simplemente saltaran al bote sin una caña o una red. Sin embargo, Jesús se opone a esa metodología; por eso nos enseña a agarrar nuestras redes e ir a pescar. Y nos muestra cómo hacerlo, ya que no solo ceba el anzuelo y lo arroja al agua, sino que también nos enseña cómo llevar a la gente al reino de Dios.

El Evangelio de Juan cuenta la historia de cómo se encontró Jesús con la mujer samaritana en el pozo, buscándola para darle a probar del sabor transformador de la vida eterna. Esta es una de las interrupciones divinas más dramáticas del Nuevo Testamento, en la que Jesús buscó a propósito a una mujer cargada de pecado que nunca se habría interesado en buscarlo por su propia cuenta (ver Juan 4:4-26). En esta ocasión, Jesús ejemplificó la Gran Comisión a pesar de que todavía no había hablado de ello a sus discípulos.

Ellos habían ido al pueblo a comprar algo de comida, pero cuando regresaron se sorprendieron al encontrar a Jesús conversando con esa mujer:

> En esto llegaron sus discípulos y se sorprendieron de verlo hablando con una mujer, aunque *ninguno le preguntó*: "¿Qué pretendes?" o "¿De qué hablas con ella?".
>
> Juan 4:27, énfasis añadido

Sus preguntas son completamente racionales a la luz del contexto antiguo. Debido a la rivalidad racial y religiosa, judíos y samaritanos se habían distanciado. De hecho, en todo caso, se esperaba que judíos como Jesús persiguieran a los samaritanos. Para colmo, los hombres no solían interactuar con las mujeres en público, ya que eran vistas como ciudadanas de segunda clase en esa época. La conversación de Jesús con esa mujer en particular mostró un flagrante desprecio por las normas sociales, tanto más porque resultó ser una notoria adúltera que había pasado por cinco maridos.

La vida de esa mujer, en todos los niveles, estaba manchada por la vergüenza. Esto ayuda a explicar su decisión de visitar el pozo a casi un kilómetro de la ciudad y a plena luz del día; lo hizo en un esfuerzo por salvarse de la interacción con la gente del pueblo y de la vergüenza y el ridículo de los que podría ser víctima. En la mente de los discípulos, ningún hombre decente, y mucho menos un rabino o un maestro, se habría dejado ver en compañía de una mujer y menos como esa.

Sin embargo, el hombre más santo del universo se había detenido para compartir la verdad de la salvación con ella.

¿Qué quieres con ella?

En esto llegaron sus discípulos y se sorprendieron de verlo hablando con una mujer, aunque ninguno le preguntó: "¿Qué pretendes?" o "¿De qué hablas con ella?".

Juan 4:27

La primera pregunta de ellos fue: "¿Qué pretendes?", que es lo mismo que "¿Cuál es tu objetivo con esto?". Los discípulos no entendieron por qué Jesús estaba conversando con una mujer y menos de esa clase. El objetivo de su viaje recién terminado a la ciudad había sido conseguir comida para el grupo. Tenían hambre y sabían que él también. Así que, ¿por qué perder el tiempo hablando con alguien como esa mujer?

Sin embargo, Jesús rechazó la comida que le ofrecieron. Su conversación con la mujer samaritana tenía un propósito mayor. Para Jesús, a diferencia de sus discípulos, el destino eterno de la mujer obtuvo una prioridad mucho más alta que su bienestar personal.

De hecho, su pregunta, "¿Qué pretendes?" fue poco relevante para el Señor, ya que su propósito era bastante claro: presentársela a sí mismo y cerrar su distancia espiritual con Dios. Como lo aclara la Escritura del Nuevo Testamento:

> Ahora bien, ¿cómo invocarán a aquel en quien no han creído? ¿Y cómo creerán en aquel de quien no han oído? ¿Y cómo oirán si no hay quien les predique?
>
> Romanos 10:14

¿Cuántos de nosotros somos como los discípulos: tendemos a pensar más en el momento (y en nuestro bienestar) que en el destino eterno de las personas que nos rodean? Muchas de nuestras decisiones giran en torno al mantenimiento de nuestra comodidad personal. Ciertamente reconozco esa misma tensión en mi propia vida.

No hace mucho, en mi viaje de regreso de una visita ministerial a África, terminé sentado junto a una hermosa mujer musulmana. Estaba vestida con la burka tradicional y tanto sus manos como sus muñecas estaban decoradas con lo que percibí como un tipo de hermosa caligrafía. Aunque noté eso, mi principal deseo era descansar y dormir. Después de varios días de enseñar a líderes en Nairobi, Kenia, estaba agotado y solo quería reposar.

Sin embargo, cuando salimos de la pista, comencé a notar que la mujer seguía haciendo clic en un pequeño dispositivo que parecía un cronómetro. Después de intercambiar los saludos iniciales en nuestra conversación, supe que los diseños artísticos de sus manos y sus dedos ejemplificaban una forma de arte tradicional; se había aplicado un tinte llamado henna y, según ella, representaba el anhelo que sentía por la elegancia.

A medida que nos conocimos, finalmente le pregunté sobre el instrumento que tenía en la mano y al que le hacía clic constantemente. Ella abrió su mano para mostrarme un dispositivo similar a un contador de lanzamiento de béisbol con el número 1301 en la pantalla. Me dijo que le había pedido a Alá que la perdonara 1301 veces hasta ese momento durante el vuelo. Por fuera, traté de no mostrar mi asombro total, pero por dentro, estaba dando saltos mortales, especialmente cuando ella dijo que todos esos clics habían tenido lugar durante un segmento de tiempo de treinta minutos. Por supuesto, ese sorprendente descubrimiento abrió la puerta a una conversación sobre cómo Jesucristo había muerto en la cruz para perdonar los pecados de la humanidad de una vez por todas.

Aunque esa preciosa mujer no tomó la decisión de seguir a Cristo después de nuestra conversación de ese día, me alegré de no haberme rendido a mi deseo de disfrutar un merecido descanso. Si lo hubiera hecho, me habría perdido ese encuentro con mi propia mujer samaritana. La consideración del destino eterno de esa mujer había reemplazado mi deseo de bienestar personal.

¿De qué hablas con ella?

La primera pregunta de los discípulos realmente apuntaba al propósito, mientras que la segunda pregunta se relacionaba con la motivación: "¿De qué hablas con ella?".

En serio, ¿de qué o por qué le hablas? O lo que para nosotros sería: ¿Por qué tú y yo nos dedicamos a hablar de Cristo? ¿Por qué dedicarnos a la evangelización? ¿Alguna vez te has sentido culpable o avergonzado porque no has llevado a nadie a Cristo últimamente? ¿O acabas en el otro lado del espectro con demasiado deseo de impresionar a los demás con tu testimonio? Ambos motivos son poco menos que representativos de lo que deseaba el Señor al hablar con aquella mujer.

Por mucho tiempo sentí que si no era yo el que oraba con alguien para aceptar a Cristo, le había fallado a Dios. Pero mi verdadero fracaso involucraba entender el principio bíblico de que Dios es el que salva; no soy yo. Cuando superamos el esfuerzo de llegar a otros por nuestros propios medios, podemos dejar de lado nuestros lamentos y la sensación de fracaso. Recuerda siempre que tú y yo no podemos salvar a nadie, solo Dios puede hacer eso.

Además, no somos jugadores solitarios. Recuerda lo que dijo Jesús: "Porque como dice el refrán: 'Uno es el que siembra y otro el que cosecha'. Yo los he enviado a ustedes a cosechar lo que no les costó ningún trabajo. Otros se han fatigado trabajando, y ustedes han cosechado el fruto de ese trabajo" (Juan 4:37-38). Mi función es sembrar la semilla de las buenas nuevas, y si llevo a alguien a un momento sobrenatural de renacimiento, debería darme cuenta de que lo más probable es que acabe de cosechar el beneficio de la semilla que ya fue sembrada por otra persona.

Esto puede ilustrarse a través de una herramienta desarrollada por James Engel, que muestra una escala de ocho pasos que una persona no religiosa podría dar hacia la salvación. Cada paso representa un punto de conexión específico para los cristianos mientras siembran semillas espirituales en la vida de un no cristiano.

Escala de Engel

- 8 Conciencia del ser supremo, sin conocimiento del evangelio
- 7 Conciencia inicial del evangelio
- 6 Conciencia de los fundamentos del evangelio
- 5 Captación de las implicaciones del evangelio
- 4 Actitud positiva hacia el evangelio
- 3 Reconocimiento de problemas personales
- 2 Decisión de actuar
- 1 Arrepentimiento y fe en Cristo

Nuevo nacimiento[6]

Cuando "vas y haces discípulos", es posible que no tengas necesariamente la oportunidad de guiar a alguien para que haga la oración de confesión del pecador, pero la mayoría de las veces tienes el privilegio exclusivo de llevar al incrédulo al siguiente paso de su travesía espiritual. A veces, puedes inspirar a esa persona a moverse hacia la conciencia de los fundamentos del evangelio (paso seis), mientras que en otras ocasiones, puedes tener el privilegio de dirigirla a tomar la decisión de actuar (paso dos). En su mayor parte, el evangelismo y el discipulado implican simplemente acercar a las personas un paso más a Dios; su posición en relación con la escala de Engel solo la conoce Dios. Estoy seguro de que la expectativa y la misión de Dios para cada uno de nosotros como seguidores de Cristo no es forzar a todo aquel que nos encontremos a entrar en el reino, sino sembrar humildemente las semillas del mensaje del evangelio.

Sin embargo, incluso cuando comprendemos esta verdad, muchos de nosotros luchamos por compartir a Cristo, más por falta de prioridad que por falta de deseo. Nuestra mayor habilidad radica verdaderamente en la disposición que tengamos, lo que implica discernir los momentos apropiados para relacionarnos con las personas. Cuando los artículos que compraste están amontonados en la cinta transportadora de la caja registradora de la tienda de abarrotes y el cajero no puede procesar tu pago con la tarjeta de crédito, puede que ese no sea el mejor momento para entablar una conversación con alguien sobre su destino eterno. Siempre he creído que debemos ganarnos el derecho a ser escuchados, sobre todo cuando hablamos con extraños sobre temas eternos.

Con esto presente, haríamos bien en reconocer que nos resultará difícil ganar un alma si no tenemos una meta establecida. Fíjate en la respuesta de Jesús cuando sus discípulos le ofrecieron la comida que habían traído; se hace evidente que estaban pensando en algo más que eso:

> Mientras tanto, sus discípulos le insistían: "Rabí, come algo". "Yo tengo un alimento que ustedes no conocen", replicó él. "¿Le habrán traído algo de comer?", comentaban entre sí los discípulos. "Mi alimento es hacer la voluntad del que me envió y terminar su obra", les dijo Jesús.
>
> Juan 4:31-34

¿Cuál es *tu* comida favorita? ¿Rendirte a la voluntad de Dios y ayudar a terminar su misión en la tierra? ¿Disfrutas salirte de tu camino para encontrarte con personas como la mujer de Samaria? ¿O tiendes a dar prioridad a tu comodidad y a tu propia conveniencia? Si te inclinas por lo último, tal vez sea necesario volver a calibrar tu lista de prioridádes. Tú y yo hemos sido convocados y comisionados para una misión de suma importancia. El éxito se medirá más por nuestros motivos invisibles que por nuestros resultados espectaculares. Yo, por mi parte, quiero crecer en mi capacidad de filtrar la forma en que vivo mi vida a través de la perspectiva del destino eterno en lugar de la comodidad personal. Quiero estar cada día atento a mi propia mujer samaritana.

Por lo menos, debería existir una tensión saludable que nos desafíe a "pasar por Samaria" cuando otros tal vez no lo hagan. Debemos estar dispuestos a hacernos esas preguntas difíciles de responder como, por ejemplo: "¿Qué quieres con ella?" y "¿De qué hablas con ella?" para asegurar que nuestro propósito y nuestros motivos permanezcan puros. Además, tendremos que seguir reevaluando lo que encabeza nuestra lista de prioridades. Verdaderamente, nuestra comida es hacer la voluntad de aquel que nos envió.

Cristianos que "respiran"

¿Alguna vez has visto el final de un maratón cuando los corredores cruzan la línea de meta tambaleándose con el torso agitado y la cabeza balanceándose como buscando aire? Los esfuerzos extremos de esos corredores por respirar provienen de su desesperación. Después de una carrera larga y agotadora, su vida depende de la capacidad que tengan para absorber suficiente del vital oxígeno.

No hace falta decir que todo el que vive también respira. Dios creó nuestros cuerpos físicos para inhalar y exhalar, aspirar y expeler, muchas veces por minuto, día y noche. De hecho, en un día normal, los pulmones de una persona promedio bombean suficiente aire para llenar una habitación de tamaño mediano o inflar varios miles de globos de fiesta.[7] Cada respiración aspira medio litro de aire e incluso, sin pensarlo, tomamos alrededor de quince respiraciones por minuto. Aun el más mínimo cambio, como cuando subimos las escaleras o corremos hacia el automóvil, puede duplicar nuestra frecuencia de absorción de aire.[8] Lo sorprendente es que todo el proceso continúa mientras estamos dormidos, ininterrumpidamente y sin nuestro control consciente, ya que en caso contrario moriríamos. En realidad, ¡cada uno de nosotros está realmente a solo cinco minutos de la muerte![9] ¡Qué pensamiento más aterrador!

Cuando Dios creó al primer hombre, agarró un poco de arcilla y comenzó a soplar en él, hasta que —luego— lo que él creó lo miró de vuelta y le correspondió. Mientras inhalamos y exhalamos, vivimos, y si solo una parte del proceso deja de funcionar, morimos.

De la misma manera, inhalamos y exhalamos mientras vivimos nuestra fe, y si solo una parte del proceso deja de funcionar, avanzamos hacia la muerte espiritual. ¿Cuántos cristianos asisten a la iglesia y experimentan la bendición de la inhalación, es decir, escuchar la Palabra y tener comunión con los santos, pero no participan en la bendición de la exhalación, compartir la Palabra y alcanzar a los no cristianos? Podría decirse que algunas iglesias están muriendo porque no respiran adecuadamente. Pueden inhalar la invitación que dice: "ven y ve", pero se niegan a responder (o exhalar) a la misión que dice: "ve y haz".

Hace un tiempo escuché a un representante de Global Outreach revelar la siguiente estadística: En toda su vida, el noventa y tres por ciento de los cristianos no comparte su fe con nadie más. ¿Puede esto ser verdad? Eso significa que, casi inimaginablemente, cuando el noventa y tres por ciento de todos los cristianos vayan al cielo, no se llevarán a nadie con ellos. En otras palabras, el noventa y tres por ciento de todos los cristianos descansan en su "bendita seguridad", sin siquiera intentar despoblar el infierno; el noventa y tres por ciento de los cristianos están más interesados en hablar de Fox News o CNN que en hablar de las buenas nuevas de Jesucristo.

Por eso ¡no es de extrañar que algunas personas e iglesias sigan en cuidados intensivos! Solo quiero gritar a todo pulmón: "¡Respira, por el amor de Dios! ¡Respira y vivirás! ¡Respira y tu familia vivirá! ¡Respira y la iglesia vivirá! ¡Respira!". Cuando me encuentro con personas así, me dan ganas de agarrarlas y hacerles la maniobra de Heimlich para eliminar cualquier obstáculo que se haya alojado dentro de ellos y que inhiba su vida en Cristo.

Cuando Martín Lutero promovió el sacerdocio de todos los creyentes, todos los cristianos fueron reclutados para servir como un movimiento de base para expandir el reino de Dios. El enfoque del paradigma cambió de un reino con sacerdotes a un reino de sacerdotes. El peso de la expansión del reino ya no descansaba en unos pocos individuos selectos, sino en cantidades masivas de elegidos en todos los sectores de la sociedad. Cada cristiano fue designado sacerdote para su mundo. Todo creyente se convertiría en un representante de Cristo. Como resultado, el reino se expandió exponencialmente, porque su crecimiento fue impulsado de abajo hacia arriba y no de arriba hacia abajo.

Al ver el panorama eclesiástico del siglo veintiuno, el mayor desafío al que se enfrenta la iglesia hoy no es el socialismo, el comunismo, el ateísmo ni el materialismo. Ni siquiera es el avance del islam ni ciertos problemas sociales. No, el mayor desafío al que se enfrenta la iglesia actual son los cristianos silentes. Cuando se trate de compartir nuestra fe, no debemos "acogernos a la quinta enmienda" (expresión usada principalmente en Estados Unidos para ampararse bajo el derecho de guardar silencio ante alguna acusación de un delito).

¿Qué pasaría si los cristianos solamente respiraran? ¿Qué sucedería si decidiéramos hablar de Cristo tan a menudo como una vez a la semana? ¿Qué pasaría si los cristianos se desconectaran de su ventilación mecánica espiritual y compartieran su fe con los demás? Para aquellos no cristianos exhaustos cuya carrera los lleva a ser víctimas de una privación extrema de oxígeno, las buenas noticias se convertirían en noticias magníficas.

Cristianos reproductivos

Las etapas del proceso reproductivo que ocurren en el interior de una madre son asombrosamente intrincadas. Incluso con todo el conocimiento científico que podamos tener, no comprendemos todo lo que nuestro divino Diseñador ha concebido. Considera la placenta, por ejemplo. Sabemos que se enreda con los tejidos de la madre y que crea una red de vasos con membranas tan finas que todas las sustancias químicas de la sangre materna pueden entrar en el niño, mientras que todos los productos de desecho del niño pueden difundirse a través de la circulación de la madre.[10] Durante meses, las células se acumulan sobre otras pares y la pared uterina crece hasta cien veces su tamaño en reposo.[11] Por último, alrededor de los nueve meses, los músculos uterinos, que se han contraído suavemente en ondas a lo largo del embarazo de la madre, se aceleran en forma dramática y el recién nacido es empujado a través del canal de parto. En ese período, a menudo agotador de nueve meses, el cuerpo de la mujer ha reordenado sus prioridades hacia la creación de una nueva vida y no solo la preservación de la propia.

Considera las similitudes del parto con el nacimiento espiritual, el momento extraordinario en el que el divino Diseñador inicia el renacimiento en el espíritu de una persona. Jesús le dijo a Nicodemo, que buscaba fervientemente el reino de Dios, lo siguiente:

"De veras te aseguro que quien no nazca de nuevo no puede ver el reino de Dios", dijo Jesús. "¿Cómo puede uno nacer de nuevo siendo ya viejo?", preguntó Nicodemo. "¿Acaso puede entrar por segunda vez en el vientre de su madre y volver a nacer?". "Yo te aseguro que quien no nazca de agua y del Espíritu no puede entrar en el reino de Dios", respondió Jesús.

Juan 3:3-5

Jesús destacó la importancia del *nacimiento* espiritual, o en el Espíritu, lo que significa una vida nueva y no meramente la preservación de una vida vieja.

Los incrédulos se sienten atraídos persistentemente por un momento sobrenatural cuando las contracciones del Espíritu Santo los llevan de una manera dramática al punto del nuevo nacimiento. A través de su muerte en la cruz, Jesús ya preparó el camino al convertirse en un tipo de placenta espiritual: su sangre limpia todo pecado y desecha toda impureza de nuestro espíritu. Luego, en el tiempo señalado, el incrédulo se convierte en creyente y, casi de inmediato, grita como si dijera: "¡Estoy vivo!".

Si confiesas con tu boca que Jesús es el Señor y crees en tu corazón que Dios lo levantó de entre los muertos, serás salvo. Porque con el corazón se cree para ser justificado, pero con la boca se confiesa para ser salvo.

Romanos 10:9-10

Para todos los involucrados, incluidos familiares y amigos, nada se compara con esta feliz ocasión. Los cristianos verdaderamente "reproductivos" experimentan el gozo de este milagro una y otra vez.

Por desdicha, algunos creyentes fallan en lo que respecta a la reproducción espiritual. Podemos ver un ejemplo gráfico en la historia bíblica de una mujer llamada Tamar:

Judá consiguió para Er, su hijo mayor, una esposa que se llamaba Tamar. Pero al Señor no le agradó la conducta del primogénito de Judá, y le quitó la vida. Entonces Judá le dijo a Onán: "Cásate con la viuda de tu hermano y cumple con tu deber de cuñado; así le darás descendencia a tu hermano". Pero Onán sabía que los hijos que nacieran no serían reconocidos como suyos. Por eso, cada vez que tenía relaciones con ella, derramaba el semen en el suelo, y así evitaba que su hermano tuviera descendencia. Esta conducta ofendió mucho al Señor, así que también a él le quitó la vida.

Génesis 38:6-10

En este acontecimiento en particular, Tamar se había casado con Er, el hijo de Judá, un hombre malvado que murió antes de que pudiera tener un hijo que heredara a la viuda. Como era costumbre en ese tiempo, el hermano de Er, Onán, asumió la responsabilidad de casarse con Tamar para engendrar el heredero. Sin embargo, él no quería darle heredero a su hermano. Así que se acostó con Tamar, pero se negó a participar en el proceso reproductivo y, al contrario de lo que debía hacer, derramó su semen en el suelo. El disgusto de Dios fue claro y conmovedor: "No te entregué a esta mujer solo para estimularla, sino para reproducir la vida dentro de ella". Entonces, Dios lo mató porque no había cumplido su propósito, que era reproducirse.

Si superponemos este principio espiritual a la iglesia de hoy, podemos ver que Dios no colocó a su iglesia en este planeta para dedicar todo su tiempo a la estimulación. Si su meta era simplemente que los cristianos asistieran a los servicios de la iglesia y tuvieran comunión con los otros santos, no importaría si fallaran en el proceso de reproducción y desperdiciaran la semilla de Dios. Pero eso no es lo que él desea. Para decirlo en los términos más básicos, Dios no se casó con su Novia [la Iglesia] para entretenerla ni divertirla sino, significativamente, para que se reprodujera. El entretenimiento, la estimulación y la excitación pueden ser parte del proceso, pero ese no es el propósito.

Los cristianos no han sido desafiados simplemente a cerrar la distancia entre ellos y Dios personalmente, sino también a volverse y ayudar a otros a hacer lo mismo. En una de sus declaraciones más contundentes, Jesús expresó: "Mi Padre es glorificado cuando ustedes *dan mucho fruto* y muestran así que son mis discípulos" (Juan 15:8, énfasis añadido).

Observa el llamado específico a "dar" mucho fruto. Como discípulos suyos, a los cristianos se les ha ordenado inequívocamente que produzcan o reproduzcan frutos. En confirmación de eso, Jesús continuó diciendo:

> No me escogieron ustedes a mí, sino que yo los escogí a ustedes y los comisioné para que *vayan y den fruto*, un fruto que perdure. Así el Padre les dará todo lo que le pidan en mi nombre.
>
> Juan 15:16, énfasis añadido

¿Lo ves? El vínculo entre "vayan y hagan discípulos" y "vayan y den fruto" sigue siendo claro. Hemos sido llamados a vivir como cristianos reproductivos.

Un día estaba trotando por mi vecindario cuando me encontré con un clavo en la calle. Sin siquiera pensarlo, me detuve y lo recogí; no quería que nadie lo pisara y se lastimara ni que ningún automóvil pasara por encima y se pinchara una llanta. Mientras sostenía el clavo en mi mano y seguía corriendo, el Señor me inspiró a exhortar a otros a "detenerse y recoger el clavo".

¿Qué significa eso? Bueno, ¿con qué frecuencia nos encontramos con personas afiladas y cortantes? Es posible que esas personas puedan perjudicar a otros y, sin embargo, les damos la espalda. Esencialmente, el clavo que encontré en la calle estaba ahí sin un propósito; ya no unía el marco de una casa o los tablones de una terraza. Ni siquiera estaba en un recipiente con otros clavos. Estaba perdido y solo, sin propósito. Esa situación necesitaba ser remediada, así que me detuve a recogerlo.

Earl Creps, un líder profético de la iglesia que continúa desafiando los modelos eclesiásticos existentes, declaró: "La clave para la efectividad de la congregación no es la unanimidad ni la uniformidad, sino el acuerdo mutuo sobre una misión común capturada en la frase. 'A Dios le interesan todas las almas'".[12] La reproducción cuenta. El propósito es importante. Muchas iglesias y organizaciones tienen declaraciones de misión, pero ¿son realmente reproductivas? Al evaluarnos a nosotros mismos, deberíamos preguntarnos más a menudo: "¿Cuántas conversaciones espirituales hemos tenido esta semana con personas que no asisten a la iglesia?" en lugar de "¿Cuántas personas asistieron a nuestra reunión de adoración este domingo?". Como cristianos reproductivos, no solo tenemos el encargo de crear declaraciones de misión, sino de salir y *vivirlas*.

Hay más de dos mil millones de personas que viven en este planeta y no han escuchado el mensaje de Jesucristo. Además, el gran avivamiento y el regreso del pueblo judío al Mesías aún no ha ocurrido; de los 6.2 millones de judíos que viven en Israel, solo hay alrededor de 30.000 creyentes mesiánicos.[13] (Eso representa solo alrededor de la mitad del uno por ciento de los judíos en Israel).

Los campos de cosecha están maduros y nuestra misión es clara. Hasta que Jesucristo regrese, el mandato de "vayan y hagan discípulos" no cambiará. No podemos ignorar la orden de colocar la reproducción por encima de la producción. Después de todo, nos llamamos cristianos, no "iglesianos". ¡Así que levantémonos y salgamos!

DESAFÍO personal

En uno de los libros más conmovedores jamás escritos, *La locura de Dios*, Nik Ripken relata su peregrinaje personal en cuanto a la actuación de Dios obrando en medio de la persecución y el martirio. Primero, cuenta muchas historias reales de Somalilandia, Rusia, Ucrania, China, el sudeste asiático y varias naciones controladas por musulmanes; luego resume sus observaciones con lo siguiente: "El mayor enemigo de nuestra fe hoy no es el comunismo, el budismo, el hinduismo, el ateísmo ni incluso el islam. Nuestro mayor enemigo es la perdición".[14] Su resumen se hace eco del propósito declarado de Jesús, que fue venir "a buscar y a salvar lo que se había perdido" (Lucas 19:10).

Ripken observó que en todo el mundo, los creyentes eligen hablar de Cristo en países islámicos, hindúes, budistas y comunistas a pesar del potencial de consecuencias hostiles. El problema real para esos cristianos no es la libertad política, sino la obediencia a Cristo, y aunque el precio de la obediencia pudiera resultar más costoso en algunos lugares, compartir el mensaje de Cristo sigue siendo su máxima prioridad.

Lo lamentable es que muchos de nosotros en el mundo occidental no optamos por hacer de la difusión del Evangelio nuestra prioridad. Aunque la "persecución" para nosotros puede implicar solo una leve burla o rechazo, permanecemos en silencio, lo que esencialmente significa que elegimos desobedecer la Gran Comisión. Es más, al permanecer en silencio, avanzamos el objetivo final de Satanás:

negar a otros la oportunidad de acercarse a Dios. En efecto, nos convertimos en cómplices del enemigo. Una vez le hicieron a Ripken la siguiente pregunta: "¿Llegará la persecución a Estados Unidos?", a lo que él respondió: "¿Por qué querría Satanás despertarnos cuando ya nos ha enmudecido?".[15]

Después de leer las observaciones de Ripken, comencé a hacerme una pregunta cada mañana: "¿Adelantaré hoy el llamamiento de Cristo de 'ir y hacer discípulos' o viviré como cómplice de Satanás y permaneceré en silencio?". Así que hazte la misma pregunta ahora mismo: "¿Me pondré hoy del lado de Jesús o del de Satanás?". Recuerdo lo que Stoyan —un amigo de Ripken, que había sido perseguido durante muchos años—, le recordó: "No renuncies nunca —siendo libre— a lo que nosotros nunca renunciaríamos siendo perseguidos".[16]

EVALUACIÓN personal

Justo antes de que el Señor Jesucristo ascendiera al cielo, les dio algunas instrucciones de último momento a sus discípulos. En las palabras de la Gran Comisión —uno de los imperativos más intensos de la Biblia—, vislumbramos el plan global de Dios en la tierra y nuestro papel en él: "Por tanto, vayan y hagan discípulos" (Mateo 28:19).

1. ¿Qué significa para ti la orden de Jesús cuando dijo: "Por tanto, vayan y hagan discípulos"?
2. Reflexiona sobre la diferencia entre producción y reproducción en la iglesia. ¿Cuál debería ser la más importante y cuáles son las implicaciones para ti?
3. ¿Cómo impacta el principio bíblico "Dios salva, no yo" tu perspectiva acerca de dar a conocer a Cristo?
4. ¿Qué obstáculos encuentras cuando hablas de Cristo? ¿Cómo puedes superarlos?

5. Hoy, ¿cómo decidirás participar en el plan global de Dios en cuanto a la reproducción?

ORACIÓN personal

Padre celestial, escucho tu mandato de "ir y hacer discípulos", y renuevo mi compromiso de participar activamente en tu misión aquí en la tierra. Reconozco que tengo un papel importante que desempeñar en el destino eterno de los demás. Estoy dispuesto a compartir mi fe y acepto mi responsabilidad de vivir más como cristiano que cumple con "ir y hacer" que como un cristiano que se conforma con "venir y ver". Ayúdame a inhalar y exhalar la vida del Espíritu para vivir como un cristiano reproductivo, en el nombre de Jesús. Amén.

RETO colectivo

A menudo nos referimos a "iglesia" pensando en la ubicación del sitio de reunión de la congregación. Señalamos la esquina de la Carretera Interestatal 25 y la Autopista 156 o mencionamos el lugar más conocido cercano a las instalaciones de la iglesia. Como es natural, las iglesias son conocidas por el hecho de que las personas se reúnen en un lugar determinado cada semana pero, en última instancia, la iglesia no es un edificio, un campanario o un lugar. La iglesia es un pueblo, un pueblo compuesto por personas en todas partes.

Justo antes de que el Señor Jesucristo ascendiera al cielo, brindó un vistazo del plan global de Dios en la tierra y de nuestro papel en él: "Por tanto, vayan y hagan discípulos" (Mateo 28:19). Permitan que las lecciones que han aprendido en este capítulo los guíen a una discusión franca sobre la misión del pueblo de Dios en la tierra.

1. ¿Qué significa para ustedes y para la iglesia la orden de Jesús cuando dijo: "Por tanto, vayan y hagan discípulos"?
2. Reflexionen sobre la diferencia entre producción y reproducción en la iglesia. ¿Cuál debería ser la más importante y cuáles son algunas de sus implicaciones?
3. ¿Cómo altera el principio bíblico en cuanto a que "Dios salva y no yo", tu perspectiva acerca de compartir a Cristo?
4. Discutan la escala de Engel y cómo puede ayudarlos a compartir el amor de Cristo en una manera más efectiva.

Escala de Engel

- 8 Conciencia del ser supremo, sin conocimiento del evangelio
- 7 Conciencia inicial del evangelio
- 6 Conciencia de los fundamentos del evangelio
- 5 Captación de las implicaciones del evangelio
- 4 Actitud positiva hacia el evangelio
- 3 Reconocimiento de problemas personales
- 2 Decisión de actuar
- 1 Arrepentimiento y fe en Cristo
  Nuevo nacimiento[17]

5. ¿Qué obstáculos encuentran cuando hablan de Cristo? ¿Cómo pueden superarlos?
6. Si es cierto que el noventa y tres por ciento de los cristianos nunca comparten su fe en toda su vida, analicen las implicaciones de esta estadística junto con la noción de que todos los creyentes son "sacerdotes" en el reino de Dios.

7. Discutan la declaración de Earl Creps cuando dice: "La clave para la efectividad de la congregación no es la unanimidad ni la uniformidad, sino el acuerdo mutuo en cuanto a una misión común captada en la frase que dice: 'Toda alma es importante para Dios'".[18] Discutan cómo debería impactar eso no solo su vida diaria, sino también el destino eterno de los demás.

9

Refleja tu Jesús interior

Cuando Jesús oyó esto, dijo: "Esta enfermedad no terminará en muerte, sino que es para la gloria de Dios, para que por ella el Hijo de Dios sea glorificado".

Juan 11:4

Como todos sabemos, las redes sociales y la cámara frontal cambiaron el curso de la historia. Explora Instagram durante sesenta segundos y encontrarás una abundancia de selfis: Carmen con su café con leche saborizado con especias de calabaza; Brian tomando el sol en su lugar favorito en la playa; fotos espontáneas de mamás y papás con sus amados hijos.

En el transcurso de la campaña por las candidaturas primarias de los demócratas en 2020, una de las candidatas —Elizabeth Warren— publicó el hecho de que se había tomado más de cien mil selfies en la campaña electoral. De hecho, después de uno de sus discursos en Manhattan, creó una línea de selfis y pasó cuatro horas tomándose autofotos con muchos votantes potenciales. Luego tuiteó: "No me paso el tiempo pidiéndoles grandes cheques a donantes ricos, lo paso con los votantes. Nuestra línea de selfis me da un momento (o cien mil, debería decir) para conocer nuestro movimiento".[1]

Ahora bien, ciertamente no hay nada de malo en un selfi ingenuo y hasta se puede aplaudir el intento de Warren por reunir a los votantes esperanzados alrededor de ella, pero me pregunto si acaso la naturaleza del selfi destaca un problema espiritual más profundo dentro de nuestra cultura. Dejando de lado la política, ¿qué pasa si los "selfis de Warren" y cosas por el estilo traicionan una esperanza inapropiada en el valor de reflejar una determinada imagen?

A medida que comienzas a acercarte a Dios, tus deseos cambian; empiezas a querer reflejar más a tu Jesús interior y menos a tu yo interior. En tu búsqueda de su presencia, surge una pasión personal: glorificar al Señor en todas las circunstancias.

Por supuesto, las circunstancias no siempre parecen glorificar a Dios. Considera la historia de Lázaro, por ejemplo (ver Juan 11). Cuando Jesús finalmente llegó a Betania en respuesta a una llamada urgente, Lázaro ya había estado en la tumba durante cuatro días. Parecía que era demasiado tarde, por lo que las dos hermanas de Lázaro —Marta y María— le gritaron: "Señor, si hubieras estado aquí, mi hermano no habría muerto" (vv. 21 y 32). No se dieron cuenta de que Jesús ya había insinuado que esa aparente tragedia tenía un propósito mayor. Él les había dicho a sus discípulos que: "Esta enfermedad no terminará en muerte, sino que es para la gloria de Dios, *para que por ella el Hijo de Dios sea glorificado*" (Juan 11:4, énfasis añadido). En otras palabras, la muerte prematura de Lázaro resultaría para glorificar a su Padre y a él mismo.

Marta y María vieron la muerte de su hermano como un problema permanente, mientras que Jesús lo trató como algo temporal. A veces, incluso cuando realmente buscamos acercarnos más a Dios, podemos permitir que algunas situaciones temporales nos desanimen e impidan que veamos el panorama más amplio. La tormenta parece prevalecer hasta que Jesús dice: "¡Silencio! ¡Cálmate!" (ver Marcos 4:39). La parálisis parece ser permanente hasta que Jesús dice: "Levántate y anda" (ver Mateo 9:5). La tumba parece estar sellada para siempre hasta que Jesús dice: "¡Lázaro, sal fuera!" (ver Juan 11:43). El enemigo de tu alma busca oportunidades para tomar circunstancias de la mitad de tu vida y hacer que parezcan que marcan el final. A veces lo digo así: a Satanás le encanta disfrazar los momentos álgidos de las circunstancias como si fueran el final.

Es probable que pienses que estás al final de la cuerda pero, si estás en Cristo, apenas estás en el medio. Puedes pensar que has hecho todo lo posible y, sin embargo, tu matrimonio todavía está al borde del colapso, pero si estás en Cristo, ahora es que te queda trecho para llegar al final. Puedes pensar que no te queda nada de valor en esta tierra y, sin embargo, todavía estás en medio de tu historia. Lo que al enemigo le gusta más es que te convenzas de que fracasaste definitivamente, pero el Señor todavía tiene recursos para llevarte hasta un final triunfante o incluso darte un nuevo comienzo a mitad del trayecto.

Lo sorprendente de todo esto es que, como lo descubrieron Lázaro y sus hermanas, la tumba apenas es circunstancial. ¡Incluso la muerte no es el final! Debido a que Jesucristo es la resurrección y la vida, la muerte es solo temporal. Por supuesto, la muerte parece triste, insufrible y oscura. Es posible que se te parezca a una piedra que bloquea la salida y la tumba puede te parezca como algo que marca el final de una vida terrenal, pero como vemos en esta historia, eso todavía está en el medio. El fin de la vida terrenal, para los que pertenecen a Dios, es el comienzo de la vida eterna.

Recuerda: tu punto medio no es tu tumba; es apenas tu vientre. Tu parte media no es un momento desastroso; es un momento bendecido. Como declaran las conocidas palabras del Salmo 23:

> Aun si voy por valles tenebrosos, no temo peligro alguno porque tú estás a mi lado; tu vara de pastor me reconforta... La bondad y el amor me seguirán todos los días de mi vida; y en la casa del Señor habitaré para siempre.
>
> Salmos 23:4, 6

Sí, en cualquier momento la muerte física puede llevarte de la mano. Pero en el proceso, te lleva gloriosamente a una nueva y eterna morada con Dios.

En el caso de Lázaro, sin embargo, Jesús decidió resucitarlo de la muerte a la vida terrenal, lo que dio gran gloria a Dios. Es interesante notar que tanto María como Marta, que estaban desconsoladas e incluso molestas con Jesús porque apareció demasiado tarde, pudieron glorificarlo fácilmente *después* de la milagrosa resurrección de su hermano.

A la mayoría de nosotros nos resulta bastante difícil, si no imposible, optar por dar gloria a Dios en medio del fragor de la lucha; solo lo hacemos cuando pensamos que es el momento de la victoria final. Sin embargo, con el tiempo, podemos vivir cada vez más con una fe confiada. Debido a que su Espíritu habita en nosotros, podemos aprender a reflejar —de manera intencional— nuestro Jesús interior en cada circunstancia, independientemente de lo difícil que sea. Y encontraremos que "por ella el Hijo de Dios ha de ser glorificado".

Rechaza a tu Judas interior

Tú y yo podemos entender por qué Marta y María cuestionaron la llegada tardía del Señor. A veces podemos sentirnos defraudados o traicionados por él en momentos críticos. En algunos casos, nuestros sentimientos pueden incluso hacer que lo traicionemos. Ahí es cuando se puede escuchar otra voz: la voz de Judas.

Como sabemos, Judas Iscariote fue el discípulo que a final de cuentas traicionaría a Jesús con un beso. Esa no era la primera vez que actuaba como antagonista. Una vez, en una comida en Betania (algún tiempo antes de que Lázaro enfermara y muriera), Judas había expresado su desaprobación. ¿Recuerdas el relato de cómo María prodigó un caro ungüento a los pies de Jesús y los secó con su cabello? Mientras Jesús conversaba con Lázaro en la mesa y Marta atendía a sus invitados, María decidió hacer todo lo posible para glorificar al Señor, mientras Judas tenía otros planes.

> Judas Iscariote, que era uno de sus discípulos y que más tarde lo traicionaría, objetó: "¿Por qué no se vendió este perfume, que vale muchísimo dinero, para dárselo a los pobres?" Dijo esto no porque se interesara por los pobres, sino porque era un ladrón y, como tenía a su cargo la bolsa del dinero, acostumbraba robarse lo que echaban en ella.
>
> Juan 12:4-6

Traición a la intimidad

Este fue otro tipo de traición, una traición a la intimidad. Con sus comentarios, Judas había intentado sabotear la expresión de amor y gratitud de María. Aunque planteó una objeción que parecía razonable, probablemente también se sintió incómodo al ver un acto tan íntimo. Como la mayoría de los judíos ortodoxos, habría considerado erótico el cabello de una mujer y habría sentido que debía permanecer cubierto excepto delante de su marido o en compañía de otras mujeres. Al soltarse el cabello de una manera tan inmodesta, hizo caso omiso de su exposición al reproche por el simple hecho de expresar su sincera devoción por Jesús. Sin embargo, el momento de intimidad de María con Jesús fue tan importante que Juan terminó mencionando su expresión de generosidad incluso antes de contar el relato de la resurrección de Lázaro. Al hacerlo, Juan elevó el estatus de su acción y la hizo casi equivalente, o incluso mayor, que la magnificencia del milagro de Lázaro:

> Había un hombre enfermo llamado Lázaro, que era de Betania, el pueblo de María y Marta, sus hermanas. María era la misma que ungió con perfume al Señor, y le secó los pies con sus cabellos.
>
> Juan 11:1-2

Así como Judas habló en contra de María en un intento por traicionar su acto desinteresado de intimidad con Jesús, a tu "Judas interior" le encanta hablar cada vez que comienzas a acercarte a él. Tu Judas interior busca implacablemente crear obstáculos con el fin de distraerte con otras cosas, de modo que no busques la intimidad con él o la menosprecies: "¿Qué estás haciendo? Realmente no tienes tiempo para esto. Tienes demasiadas actividades que hacer. Necesitas dedicar tu tiempo y tu tesoro a otra cosa en vez de esto".

María quería darle todo lo que tenía a Jesús, pero a Judas le preocupaba más la ganancia material que pasar tiempo con Jesús. María era extravagante e incondicional en su amor; Judas era limitado y condicional. María quería gastarlo todo en Jesús, mientras que Judas dio a entender que quería gastar el costo del ungüento en otros.

Por desdicha, tu Judas interior ve las cosas de manera diferente a como las ve tu Jesús interior. Tu Judas interior merodea buscando formas de robarte. Tu Judas interior busca controlar tus recursos monetarios e impedir tu intimidad con el Señor. Solo si amas al Señor tu Dios con todo tu corazón, toda tu mente, toda tu alma y todas tus fuerzas, podrás rechazar a tu Judas interior y hacer caso omiso del intento del enemigo por sabotear tu intimidad con Dios.

Traición a la generosidad

El acto de intimidad de María fue más generoso de lo que parece. Aquel ungüento habría costado el equivalente al salario de un año. Medita en tus propios ingresos anuales por un momento. Independientemente de cuán alto o bajo sea, es tu ingreso completo de todo un año. Ahora imagínate que lo regalas todo en unos minutos. Judas no pudo comprender eso. Si tuviera que parafrasear su comentario, podría lucir como algo así: "¿Por qué derramar el salario de un año sobre los pies de Jesús con todas las cosas que podrían hacerse con eso? ¿Por qué no le lavaste los pies con agua? ¿Y por qué le secaste los pies con tu cabello en vez de hacerlo con una toalla?"

A tu Judas interior le encanta traicionar tu generosidad además de tu intimidad.

Piensa en tus manos. Incluso ahora, mientras lees, solo échales un vistazo rápido. Cuando eras solo un bebé, agarrabas el dedo meñique de tu madre con fuerza y no lo soltabas. A medida que crecías, agarrabas sonajeros y pequeños juguetes. Y cuando otro niño intentaba quitártelos, gritabas: "¡Eso es mío!" y los agarrabas con fuerza.

Más tarde, cuando estabas en la escuela secundaria, te agarrabas con fuerza a los manubrios de tu bicicleta, agarrabas los bastones y los instrumentos en los desfiles. En la escuela secundaria, te aferrabas a las manos de tus amigos. En la universidad, es posible que te hayas aferrado a algunas cosas a las que probablemente no debiste haberlo asido, pero cuando saliste de ella, con suerte, agarraste un diploma con ambas manos. Cuando comenzaste una carrera, te agarraste al peldaño más bajo de la escalera profesional y, desde entonces, has ido subiendo lo más rápido que puedes. Algún día llegará la jubilación y te aferrarás a los palos de golf, las herramientas de jardinería, los fondos de pensiones y los cheques del Seguro Social. Al fin y al cabo, a medida que pasan los años, es posible que debas agarrarte a los bastones y los andadores y, por último, a las camas de hospital y a la vida misma.

Por naturaleza humana, somos "embragues". Arrastramos, arañamos, trabajamos, nos preocupamos y si avanzamos —aunque sea un poco— nos aferramos con todas nuestras fuerzas a todo lo que hayamos adquirido. Incluso cuando el Espíritu de Jesús que vive dentro de nosotros nos anima a aquietar nuestro agarre, nuestro Judas interior trata de controlar nuestros recursos económicos y frenar nuestra generosidad.

Sin embargo, lamentablemente, las manos cerradas no ayudan a acortar la distancia entre Dios y nosotros. A lo largo de la historia y de las Escrituras, Dios modela lo que significa tener las manos abiertas al proporcionar generosamente alimento, refugio, ropa, protección y bendición. El salmista declaró: "Abres la mano y sacias con tus favores a todo ser viviente" (Salmos 145:16).

Cuando Jesús anduvo por la tierra, nos mostró cómo ser generosos en todos los sentidos. Él no vivía con las manos cerradas. No se aferró a sus posesiones. No se negó a dar su amor, a dar sanidad y recursos a los necesitados. No agitó un puño cerrado contra quienes lo azotaron y lo clavaron en la cruz. Vivió y sigue viviendo con manos abiertas y generosas.

Mientras estuvo en la tierra, Jesús sanó continuamente a los enfermos, ayudó a la gente afligida y bendijo a los que estaban desesperados. Dio su amor, su corazón, su tiempo y su tesoro. Y cuando se le pidió que renunciara a lo único que le quedaba, su misma vida, extendió los brazos y abrió las manos con generosidad para que clavaran las púas de acero en ellas.

De una vez por todas, nos mostró cómo rechazar a nuestro Judas interior y abrazar una nueva forma de vida. Ahora, gracias a él, somos libres de andar en esta vida mostrando nuestra generosidad a tal punto que estemos dispuestos hasta a morir en el intento con un corazón nuevo y una perspectiva celestial.

No olvides nunca el final de la narración con respecto al extravagante amor de María. Leemos la declaración de ese legado en la narración de Marcos. En las propias palabras de Jesús: "Les aseguro que en cualquier parte del mundo donde se predique el evangelio, se contará también, en memoria de esta mujer [María], lo que ella hizo" (Marcos 14:9).

Aun después de dos mil años, todavía leemos acerca de la generosidad de una mujer común y corriente que amaba a Jesús por encima de todo. En cuanto a Judas, sin embargo, leemos lo siguiente:

> Judas Iscariote, uno de los doce, fue a los jefes de los sacerdotes para entregarles a Jesús. Ellos se alegraron al oírlo, y prometieron darle dinero. Así que él buscaba la ocasión propicia para entregarlo.
>
> Marcos 14:10-11

Durante dos milenios, a medida que el curso de la historia ha progresado con todos sus giros y sus vueltas, María es conocida por su generosidad, mientras que Judas es conocido por su traición. Estoy seguro de que no tengo que decirte qué ejemplo seguir.

Refleja tu Jesús interior

Cuando el recipiente de aceite se abre y el ungüento toca los pies de Jesús, su dulce fragancia llena no solo la habitación, sino todos los corazones en todos los lugares donde se adora a Jesús a través de las generaciones, incluida la nuestra.

Por eso es que cuando comenzamos a acercarnos más a Dios, nuestra vida se convierte en una fragancia para los demás. A medida que avanzamos en nuestras vidas, reflejamos algo más allá de nosotros mismos y de nuestros propios deseos: irradiamos la esencia de Jesús y todo lo demás se pierde en el camino. Como declaró Juan el Bautista: "A él le toca crecer, y a mí menguar" (Juan 3:30).

Ahora, observa el resultado cuando optamos por hacer eso:

> Como *todas las cosas que pertenecen a la vida y a la piedad* nos han sido dadas por su divino poder, mediante el conocimiento de aquel que nos llamó por su gloria y excelencia, por medio de las cuales nos ha dado preciosas y grandísimas promesas, para que por ellas llegaseis a ser participantes de la naturaleza divina, habiendo huido de la corrupción que hay en el mundo a causa de la concupiscencia.
>
> 2 Pedro 1:3-4, énfasis añadido

Todas las cosas que pertenecen a la vida y a la piedad

Nuestro Dios nos proporciona "todas las cosas que pertenecen a la vida y a la piedad". En otras palabras, no estamos destinados a la muerte ni al fracaso; hay un camino que lleva a la vida, ¡y está a la disposición de nosotros!

No podemos negar que vivimos en medio de una cultura impulsada por la actuación en la que un Judas interior nos reprende constantemente con la posibilidad de fallar. Un Judas que plantea preguntas a nuestras mentes como las siguientes: "¿Qué pasa si fracasas como padre? ¿Y qué si fracasas en tu carrera? ¿Qué ocurre si fracasas como cristiano?". A veces, el fracaso puede parecerse a un gorila de trescientos kilos que se nos aparece en la habitación y no se va nunca. Pero a pesar de la ansiedad y el miedo que causa la bestia del fracaso, podemos aprender a reflexionar sobre la promesa de Dios en cuanto a que tenemos todo lo que necesitamos para triunfar. Nuestro "Jesús interior" nos libera para que dependamos más de lo que *él* puede hacer que de lo que nosotros podamos hacer. Él nos muestra el camino; por tanto, nuestro potencial no depende de nosotros mismos, sino de él.

Sin duda, a veces puedo parecer tonto y hasta que hago cosas insensatas, pero Dios puede vencer incluso mi propia insensatez. Por eso he decidido estar agradecido por la afirmación que veo en las Escrituras: "Pero Dios escogió lo insensato del mundo para avergonzar a los sabios" (1 Corintios 1:27). La palabra *insensato* proviene del término griego *moraine*, de la cual obtenemos el vocablo idiota. Cuando Dios me eligió, escogió a alguien que, a veces, puede verse y actuar como un idiota.

Un día, pasé por la ventanilla del restaurant de comida rápida Wendy's y pedí una hamburguesa con queso, papas fritas y un helado. Solo cuando avancé un poco en mi auto, me di cuenta de que había estado hablando con el recipiente de basura y no con el dependiente que esperaba que le hablara por el intercomunicador. No tengo duda de que hice el papel de idiota. O como me pasó hace poco, andaba por la carretera con un amigo y nos detuvimos en una gasolinera para ir al baño. Cuando terminé y salí de ahí, me dirigí al estacionamiento y abrí la puerta del auto solo para descubrir con sorpresa que había intentado subir al automóvil equivocado en el que estaba una persona muy asustada detrás del volante. Por supuesto, el conductor del vehículo me miró como si yo fuera un idiota.

Estoy seguro de que en algún momento has tenido experiencias similares. Y sea que otros estén actuando insensatamente o no, nuestro mundo de hoy está repleto de personas burlonas a las que les resulta fácil etiquetar a los demás. ¡Pero eso no pasa con Dios! Dios elige a los insensatos e idiotas de este mundo para confundir a los sabios. Aun cuando fallemos y cometamos errores, Dios decide usarnos. Incluso cuando nos equivocamos y actuamos neciamente, Dios no nos descalifica. Al contrario, se acerca a nosotros y nos brinda acceso —a través de su divino poder— a "todas las cosas que pertenecen a la vida y a la piedad". Nuestra debilidad le da la oportunidad, a su gloria, de brillar.

En pocas palabras, este Dios de insensatos elige nuestros momentos insensatos —cosa que hace todo el tiempo— simplemente para llamarnos a una mayor profundidad de su gloria y su excelencia. Recuerda la verdad que expresa el apóstol en 2 Pedro 1:3: "Como todas las cosas que pertenecen a la vida y a la piedad nos han sido dadas por su divino poder, mediante el conocimiento de aquel que nos llamó por su gloria y excelencia, por medio de las cuales nos ha dado preciosas y grandísimas promesas, para que por ellas llegaseis a ser participantes de la naturaleza divina, habiendo huido de la corrupción que hay en el mundo a causa de la concupiscencia".

Llamados por su gloria y excelencia

¿Gloria y excelencia? Para muchos de nosotros, la noción bíblica de "gloria" sigue siendo ambigua y difusa. ¿Qué significa realmente el término *gloria*, particularmente con referencia a Dios? Cuando decimos: "Da gloria a Dios" o "Yo glorifico tu nombre", ¿qué es exactamente lo que pretendemos afirmar? En esencia, la palabra *gloria* (en griego, *doxa*) se refiere a "grandeza". Así que, cuando le damos gloria a Dios, lo que hacemos es brindarle una selección de las cosas más destacadas por las que él es glorioso.

El deportista Lebron James es considerado genial debido a sus destrezas en la cancha de baloncesto, por lo que su fama —su gloria— se relaciona específicamente con su habilidad para jugar ese deporte. Del mismo modo, Tiger Woods es famoso por el golf y su gloria se deriva de su capacidad para golpear la pelota de golf. ¿Por qué es famoso Dios?

No necesitamos ir muy lejos para buscar la respuesta, porque Dios mismo respondió esa pregunta:

—¡Déjame ver tu gloria! —suplicó Moisés.
Pero el Señor contestó:
—Voy a hacer pasar toda mi bondad delante de ti, y delante de ti pronunciaré mi nombre.

Éxodo 33:18-19 DHH

En otras palabras, Dios le dijo a Moisés lo siguiente: "Soy reconocido por mi bondad".

Uno de los sermones más famosos de todos los tiempos, pronunciado por el teólogo colonial Jonathan Edwards en el siglo dieciocho, se titula: "Pecadores en manos de un Dios airado". Un título más exacto quizás debería haber sido "Pecadores en manos de un Dios amoroso". Debido a que Dios es famoso por su amor y su bondad, nosotros los pecadores no lo glorificamos como un Dios airado, sino como un Dios amoroso.

Antes de que Lázaro resucitara de entre los muertos, Jesús ya había insinuado que lo que allí estaba en juego era un propósito mayor, como les había dicho a sus discípulos: "Esta enfermedad no terminará en muerte, sino que es para la gloria de Dios, *para que por ella el Hijo de Dios sea glorificado*" (Juan 11:4).

La enfermedad de Lázaro fue una interrupción divina. Y Jesús sería glorificado o hecho famoso como resultado de ello. Ciertamente, si asumiéramos que Jesús solo buscaba más fama, una declaración como esa podría parecer egoísta. Pero no, él no se estaba tomando un selfi, en absoluto. Simplemente estaba reflejando el poder de Dios, que resultó demostrar —en el proceso— un poder capaz de vencer a la muerte. Como descubrimos más adelante en la narración del evangelio, la resurrección de Lázaro también sirvió como presagio de la propia resurrección de Jesús.

En tales casos, Dios muestra su gran poder de resurrección para probar su autoridad en nuestras vidas; de manera que, en momentos como esos, podamos reflejar más fácilmente nuestro Jesús interior. Pero, ¿qué pasa con esos momentos en los que él no realiza un milagro instantáneo o, incluso, cuando todavía estamos esperando? ¿Podemos glorificarlo como Señor soberano aun cuando parezca distante?

Algunas personas malinterpretan la soberanía de Dios cuando proclaman: "Dios puede hacer *cualquier cosa*". En realidad, hay cosas que Dios realmente no puede hacer, ya que no puede comprometer el alcance de su excelencia moral. "Excelencia" (en griego, *apete*) sugiere por supuesto la excelencia moral del carácter, lo que plantea la pregunta: ¿Ha querido Dios alguna vez hacer algo fuera de su excelencia moral de carácter?

En el libro del Éxodo, Dios quería eliminar de la faz de la tierra a los hijos de Israel debido a su maldad. Y, sin embargo, como había hecho un pacto con ellos, su gloria y su excelencia lo hicieron desistir. Otra cosa que Dios no hará es que no mentirá porque su excelencia moral no lo permite y no engañará porque su bondad lo refrena del mal. En otras palabras, aunque quisiera mentir y engañar, la naturaleza de su carácter le impediría hacerlo. Podemos regocijarnos de que la soberanía de Dios no se basa en lo que él puede y no puede hacer ya que su soberanía se basa en lo que él *es*.

Sin embargo, lo que es aun más grandioso es que Dios no ha reservado su naturaleza solo para él. ¡Como cristiano, tú y yo tenemos acceso a su gloria y su excelencia! Cuanto más te parezcas a Dios, más podrás vivir en su gloria (su bondad) y en su excelencia (virtud moral). A veces, es posible que desees pellizcarle el costado a alguien, pero la bondad y la excelencia moral de Dios te lo impedirán. Es posible que desees albergar rencor hacia alguien que te ha ofendido, pero la bondad y la excelencia moral de Dios te reprenderán. Es probable que desees vivir enojado con todos los que te rodean, pero la bondad y la excelencia moral de Dios te convencerán de lo contrario.

Ese que te limita, que te restringe, que te impide esas cosas es tu Jesús interior, que trata de reflejar su gloria y su excelencia en ti. ¿El resultado? "¡Preciosas y grandísimas promesas!".

Como todas las cosas que pertenecen a la vida y a la piedad nos han sido dadas por su divino poder, mediante el conocimiento de aquel que nos llamó por su gloria y excelencia, por medio de las cuales nos ha dado *preciosas y grandísimas promesas*, para que por ellas llegaseis a ser participantes de la naturaleza divina, habiendo

huido de la corrupción que hay en el mundo a causa de
la concupiscencia.

2 Pedro 1:3-4, énfasis añadido

Al reflejar a nuestro Jesús interior, recibimos las promesas de Dios, que no solo son magníficas, sino preciosas y *grandísimas*.

Sus grandísimas y preciosas promesas

¿Te ha hecho Dios, alguna vez, una promesa? ¿Alguna vez has sabido en lo más recóndito de tu corazón y tu mente que la promesa de Dios se cumplirá? Quizás te prometió que tu cónyuge o tus hijos se salvarían, o que construirías un negocio o recibirías un ascenso. O posiblemente te prometió que harías trabajo misionero en un país extranjero o servirías en una gran iglesia. Debido a la gloria y la excelencia de Dios, ahora sabemos que esas promesas se han de cumplir. Después de todo, él siempre cumple su palabra.

Grandísimas y preciosas promesas

La palabra *grandísimas* (en griego, *megistos*), en realidad, significa "muy grande" o "el más grande". ¿Has notado alguna vez que Dios casi nunca hace promesas pequeñas? Sus promesas son muy grandes o las más grandes. Sus promesas, por lo general, no son pequeñas porque los problemas que surgen en el camino hacia esas promesas nunca son pequeños.

Noé pasó ciento veinte años construyendo un arca en tierra firme antes de que comenzara a llover. Literalmente, construyó un arca en la oscuridad, ignorando a sus amigos que se burlaban de él y le decían: "Ese barco nunca flotará".

David corrió colina abajo con solo una honda y una piedra para enfrentarse a la gigantesca monstruosidad de un hombre de casi tres metros de altura, vestido con más de cuarenta y cinco kilos de armadura. Todos los demás se encogieron de miedo cuando David, casi desarmado, se enfrentó a la espada y la lanza de un gigante.

Cuando el problema es grande, providencialmente, el Hacedor de promesas siempre es más grande. Cuando todo parece estar colapsando a nuestro alrededor, podemos comparar nuestro problema con el Hacedor de promesas, y recordar quién —en primer lugar— nos hizo esa promesa.

Un día me escuché a mí mismo mientras cantaba la letra de una popular canción de adoración a Dios que dice: "No hay Dios tan grande como tú, no lo hay. Tú eres Rey".

Sin embargo, mientras cantaba, me di cuenta de que no necesitaba recordarle a Dios que él es Rey ni que él reina. Él ya lo sabe. Aunque le había cantado esas palabras a Dios, lo que realmente sucedió en mi espíritu fue que me había recordado a mí mismo la soberanía y la autoridad de Dios. Me había animado a mí mismo diciendo que Dios no tiene rival ni igual. A veces, simplemente necesitamos reforzar la noción de que somos sus hijos y que él es más grande que nuestro problema.

Incluso nuestros propios hijos no permiten que los problemas impidan el cumplimiento de esas promesas que les hacemos. Si les dijera a mis hijos que les voy a comprar un bate de béisbol para la próxima temporada de ligas menores, ningún problema impedirá el cumplimiento de esa promesa. Si la tienda de artículos deportivos no tuviera bates del tamaño adecuado en inventario, no importaría porque papá encontrará la manera de cumplir su promesa. Y si encontráramos un bate demasiado costoso, fuera del alcance de nuestro rango de precios, papá aún cumpliría su promesa. Por supuesto, no llevaríamos a mamá a nuestras compras porque nunca entendería por qué pagar cientos de dólares por un bate de béisbol. Sin embargo, para mis hijos, el problema nunca llegaría a ser más grande que la promesa.

Para Papá Dios, los problemas no obstaculizan el cumplimiento de las promesas. Si Papá Dios lo prometió, él cumplirá su promesa. Todo lo que necesitamos recordar es que él reina, ahora y por siempre. El reino y la gloria le pertenecen a él, y sus magníficas promesas nunca serán quebrantadas.

Preciosas promesas

La palabra *preciosas* (en griego, *timios*) expresa la idea de algo valioso, costoso o caro. ¿Son tus promesas demasiado preciosas como para olvidarte de ellas? ¿Son tus promesas tan preciosas o valiosas que no las abandonarás? Es muy probable que las personas que renuncian a sus promesas no las valoren lo suficiente como para aferrarse a ellas. Cuando consideres que tu promesa es sumamente preciosa, no te dejarás disuadir por la magnitud del problema que surja.

Como Noé, pasarás ciento veinte años construyendo un arca en la oscuridad si eso significa la salvación de tu familia. O como David, correrás colina abajo y atacarás —con una honda— a cualquier gigante que surja en tu camino para derrotarlo, si eso significa la salvación de tu nación. Observa que David no se quedó en la montaña con el resto del ejército; su promesa era tan preciosa que descendió al valle para luchar contra el gigante. Si bien es cierto que surgen problemas en el valle, si te quedas en la cima de la montaña con todos los demás, lo más probable es que pierdas el cumplimiento de tu promesa.

La preciosa naturaleza de la promesa debe superar el esfuerzo persistente del problema. Cuando mantienes tu promesa como algo sumamente valioso, no te sentirás frustrado por el problema que emerja, al contrario, frustrarás al problema; es decir, lo vencerás. Si tu promesa es preciosa, el héroe que hay en ti no será controlado por el humano que tienes dentro. O, dicho de manera más simple, rechazarás tu Judas interior y reflejarás tu Jesús interior.

Al aferrarte a tus promesas y perseguir la gloriosa excelencia de Dios, obtendrás un resultado milagroso: ¡Su naturaleza divina se reproducirá dentro de ti!

> Como todas las cosas que pertenecen a la vida y a la piedad nos han sido dadas por su divino poder, mediante el conocimiento de aquel que nos llamó por su gloria y excelencia, por medio de las cuales nos ha dado preciosas y grandísimas promesas, para que *por ellas llegaseis a ser participantes de la naturaleza divina, habiendo huido de la corrupción que hay en el mundo a causa de la concupiscencia.*
>
> 2 Pedro 1:3-4, énfasis añadido

Participantes de la naturaleza divina

Las promesas de Dios no se dan simplemente para bendecirnos, sino también para producir piedad en nosotros. De hecho, el aumento de la piedad es una de sus bendiciones. Sus promesas mejoran nuestra capacidad para llegar a ser más como Cristo y nos ayudan a asumir su naturaleza divina. En otras palabras, sus promesas nos ayudan a parecernos a él y a vivir como él. Cuanto más nos acercamos a nuestras promesas, ¡más nos acercamos a Dios!

De acuerdo al pasaje de Pedro y a la ineludible y manifiesta evidencia —las señales de los tiempos que todos podemos ver— nuestro mundo está corrupto. La palabra *corrupción* (en griego, *phthora*) se refiere a un profundo deterioro moral. Descubrimos que cuanto más nos acercamos al mundo, más terminamos oliendo a él.

Cierto día estuve trabajado en mi patio trasero sin darme cuenta de que había pisado el excremento del perro. No lo supe hasta después de haber dejado el rastro por toda la alfombra blanca de nuestra casa. Mi esposa sintió el olor y me lo señaló. De la misma manera, podemos acercarnos tanto al mundo que arrastremos su "excremento" con nuestros zapatos y no nos demos cuenta hasta que dejamos su rastro por todas partes. Vayamos donde vayamos, dejamos un rastro del profundo deterioro moral del mundo.

Aunque la palabra *corrupción* se refiere a un profundo deterioro moral, el vocablo *lujuria* (en griego, *epitimia*) ilustra un profundo deseo inmoral. La Biblia lo llama "los malos deseos del cuerpo, la codicia de los ojos y la arrogancia de la vida" (1 Juan 2:16). Simplemente, reflexiona en los tratos y asuntos de los líderes políticos e incluso de los líderes de la comunidad y de la iglesia durante los últimos años, y piensa cuán extensamente se ha dejado rastro del nauseabundo olor del deseo inmoral en todos los sectores de la sociedad.

Sin embargo, a pesar del tremendo hedor que podemos percibir en el mundo, descubriremos que a medida que nos acerquemos a Dios, también nos acercaremos a su naturaleza divina, y así escaparemos de la corrupción y los malos deseos generalizados. Intercambiamos, no con mucho agrado, el deterioro moral y los deseos inmorales que envuelven este mundo por la naturaleza o el carácter de Dios.

Para definir y describir la palabra *carácter*, me gusta decir "el carácter es el eco de tu vida". Así como el sonido resuena en las paredes, tu carácter resuena en las paredes de tu vida. Tu carácter refleja qué piensa la gente de ti, cómo te recuerda e incluso cómo se siente con respecto a ti. Cada aspecto de tu carácter dejará su eco en los corazones de las personas con las que te encuentres. Por eso es tan importante reflejar tu Jesús interior. Cuando aprovechas su carácter divino, dejas los ecos de la naturaleza divina de Dios en los corazones de los demás.

Creo que puedes desarrollar tal conexión con la naturaleza de Dios que puedes emanar su presencia dondequiera que vayas. Puedes entrar a una habitación y la gente dirá: "Esa persona refleja la presencia de Cristo". He escuchado tales comentarios después de que una persona en particular ha entrado en alguna reunión en la iglesia. Es probable que comenten: "Tan pronto como entré, sentí algo diferente. Luego lloré durante todo el servicio y no sé por qué". Yo sé por qué: porque esas experiencias suceden cuando la presencia de Dios conmueve a las personas.

Por supuesto, la teología de las personas que se contentan con un cristianismo sin emociones o con experiencias espirituales controladas se verá perturbada por declaraciones como esa. Pero Dios nos ha concedido la libertad de elegir si nos abrimos o no a su presencia, aunque en la mayoría de los casos podemos optar por advertir poco sus divinas interrupciones si así lo deseamos.

Por desdicha, innumerables personas andan por la vida conscientes de que Dios ha anulado su boleto en el tren que los llevará al cielo. Eso significa que se pierden la alegre aventura con el Conductor y las demás personas que van en el viaje, así como la transformación personal que se produce. Cuando nos sentimos tan imbuidos de la naturaleza de Dios, no podemos evitar reflejarlo mientras atravesamos las vicisitudes de la vida diaria.

Dios ofrece tanto su omnipresencia como su presencia manifiesta. La omnipresencia alude a su existencia en todas partes al mismo tiempo. Él es esa "partícula" en el núcleo atómico de todo lo que mantiene unido al universo. Si este mundo careciera de la presencia de Dios aunque fuese por un milisegundo, dejaría de existir. Pero Dios ofrece aun más que su omnipresencia, ya que a veces elige concentrar o intensificar su presencia. Por razones divinas que solo él entiende, a veces decide revelarse en mayor grado *aquí* más que allá, o en *este preciso instante* en vez de más adelante. En esos tiempos, la omnipresencia de Dios adquiere la dimensión adicional de su presencia manifiesta.

Cuando comiences a reflejar tu Jesús interior a través de su presencia manifiesta, las personas que mejor te conocen dirán: "Esta persona ha estado con Jesús. Él era indocto e ignorante. Ella era tímida y reservada. Solía enojarse e impacientarse. Era una chica conflictiva de una familia problemática. Pero ahora veo a Jesús en esa persona".

Como sabrás, si alguna vez has ido a un partido de baloncesto profesional, los mejores asientos del escenario están en la primera fila. Los personajes y las grandes estrellas son invitados a sentarse en la primera fila, donde tienen el privilegio de ver toda la acción como si estuvieran en la cancha. De hecho, pueden interactuar con los jugadores escuchar a los entrenadores diseñar estrategias durante los recesos. Cuando consideramos cómo acercarnos más a Dios, debemos recordar que él no quiere que nos conformemos con la última fila. Debemos tener como objetivo acercarnos lo más posible a toda la acción.

Cuando Elizabeth Warren trabajó en su línea de selfies en Manhattan, es posible que se describiera a sí misma como una candidata que quería fotografiarse con sus votantes esperanzados. Pero la fuente de toda esperanza política permanece fija en el esfuerzo humano, no en aquel que es la fuente de toda verdadera esperanza. Todos esos esfuerzos humanos terminarán en las redes sociales durante sesenta segundos, solo para desvanecerse en la memoria lejana. Nuestra única esperanza permanece en acercarnos lo más posible a la primera fila de su divina presencia. Cuando comencemos a hacer eso, encontraremos que es normal rechazar nuestro Judas interior y reflejar nuestro

Jesús interior. A veces, enfrentaremos tiempos de lucha: Lázaro morirá. Otras veces, viviremos momentos de victoria, cuando él viva. Pero en cada situación, lo honraremos como lo hizo María, y viviremos "para que por ella el Hijo de Dios sea glorificado".

RETO personal

En este desafío personal, échale un vistazo a tus manos. ¿Te gusta lo que ves? ¿Se parecen a las manos de María, a las que les encanta verter el aceite y limpiar los pies de Jesús? ¿Son manos abiertas y generosas como las manos de Cristo? ¿O en vez de eso piensas en la forma en que tienden a sujetar y agarrar?

Espero que te guste lo que ves y puedas apreciar lo que Dios ha hecho en tu vida. Pero si no lo haces, te alegrará saber que puedes cambiarlas; un cambio de manos ocurrirá a través de un cambio de corazón. Si permites que Dios cambie tu corazón, verás un cambio de manos.

Es probable que preguntes: "Pero ¿cómo sé si Dios está cambiando mi corazón?". Lo sabrás por lo que sucede dentro de ti. Si rechazas a menudo a tu Judas interior, es porque tu corazón está cambiando. Y si te alegra reflejar a tu Jesús interior, entonces tu corazón está cambiando. El autor misionero británico C. T. Studd escribió: "Solo hay una vida, pronto pasará; solo lo que se hizo por Cristo perdurará".[2] Dedica un tiempo, ahora mismo, para evaluarte a ti mismo con las siguientes preguntas.

EVALUACIÓN personal

1. Ya sea que Lázaro muera o viva, nuestro desafío es dar gloria a Dios. Evalúa tu propia pasión por glorificar al Señor en todas las circunstancias.

2. Cuando María lavó los pies de Jesús, Judas intentó traicionar su intimidad con Cristo. ¿Cuáles son algunas formas específicas en las que tu Judas interior intenta traicionar tu intimidad con Cristo?

3. María es recordada por su generosidad y su fe, mientras que Judas es conocido por su codicia y su traición. Medita en la importancia de modelar tu vida como la de María.

4. Analiza algunas de las preciosas y grandísimas promesas que Cristo te ha hecho.

5. Cuando reflejas a tu Jesús interior, lo glorificas en todas las circunstancias. ¿Cuáles son tus circunstancias actuales y cómo puedes glorificar al Señor en medio de ellas?

ORACIÓN personal

Padre celestial, me apasiona glorificarte a ti y a tu Hijo Jesucristo. Aunque las circunstancias que me rodean parezcan permanentes, sé que solo son temporales, en el nombre de Jesús. Elijo responder con gratitud y generosidad. Rechazaré a mi Judas interior y reflejaré a mi Jesús interior. Por tu poder divino, tengo acceso a todas las cosas que necesitamos para vivir como quieres. Caminaré en tu gloria y tu excelencia, y por medio de las preciosas y magníficas promesas que me has dado, reflejaré tu naturaleza divina, la cual me permitirá escapar de la corrupción que hay en el mundo debido a los malos deseos. Decido glorificarte en toda circunstancia. Porque tuyos son el reino, el poder y la gloria para siempre. Amén.

RETO colectivo

A medida que empiecen a acercarse a Dios, desearán reflejar a su Jesús interior más que a su Judas interior. Surgirá en todos una pasión que busque maneras de glorificar al Señor en todas las circunstancias. ¿A qué se les parece esto? Discutan en grupo cómo y dónde se ven a sí mismos dentro del marco de este capítulo.

1. Ya sea que Lázaro muera o viva, nuestro desafío es dar gloria a Dios. Evalúen su propia pasión por glorificar al Señor en todas las circunstancias.

2. Cuando María lavó los pies de Jesús, Judas intentó perturbar su intimidad con Cristo. ¿Cuáles son algunas formas específicas en las que el Judas interior intenta perturbar su intimidad con Cristo?

3. María es recordada por su generosidad y su fe, mientras que Judas es conocido por su codicia y su traición. Discutan la importancia de modelar su vida con la de María. ¿Cómo es una vida de generosidad y fe?

4. Analicen el versículo: "Pero Dios escogió lo insensato del mundo para avergonzar a los sabios" (1 Corintios 1:27). Compartan ejemplos pertinentes de su propia experiencia.

5. Discutan sus ideas acerca de aferrarse a
   a. todas las cosas necesarias para vivir como Dios manda
   b. su divina gloria y su excelencia
   c. sus preciosas y grandísimas promesas
   d. su naturaleza divina.

6. Analicen algunas de las preciosas y grandísimas promesas que Cristo nos ha dado como creyentes.

7. Cuando reflejamos a nuestro Jesús interior, lo glorificamos en todas las circunstancias. Compartan las circunstancias de su vida en este momento y cómo pueden glorificar al Señor en medio de ellas.

10

Anímate hasta el final

"Y les aseguro que estaré con ustedes siempre, hasta el fin del mundo".

Mateo 28:20

Mi hija, Grace, fue corredora de pista algunos años en la escuela secundaria. Puesto que era tan veloz como un rayo, corrió los esprints de 100 y 200 metros y el relevo de 4 x 100 metros. Me gustaba verla correr en la pista durante esos pocos segundos en cada carrera, aunque eso significaba que tenía que pasar muchas horas esperando entre sus eventos.

En esos momentos de espera, veía muchas carreras y, ocasionalmente, notaba a un chico o una chica que se quedaba muy detrás de los demás corredores. En esos casos, la mayoría de los padres simplemente animaban a su hijo para que terminara la carrera, pero de vez en cuando un padre salía de las gradas sin tener en cuenta a las otras personas a las que tenía que pasar, para gritar en la parte superior de la carrera con todos sus pulmones: "¡Vamos! ¡Corre rápido! ¡Corre más rápido!". Por lo general, el pobre niño luchaba por respirar, con la mirada incrédula y exasperada de su rostro sudoroso diciéndolo algo como: "¡Estoy corriendo lo más rápido que puedo!".

No me sorprendería que muchos de nosotros hayamos experimentado algo similar. Las voces que nos rodean siempre gritan: "¡Vamos! ¡Ve más rápido! ¡Apúrate! ¡Hazlo mejor! ¡Trabaja más duro!". Esas voces pueden provenir de nuestros padres, pero lo más probable es que vengan de otras fuentes como nuestros jefes, nuestros pastores, nuestros cónyuges o, naturalmente, hasta de nosotros mismos. Por eso, con los rostros angustiados y las venas que se nos salen del cuello, hacemos todo lo posible por cumplir. Nos esforzamos por hacer nuestro mejor intento mientras llevamos nuestras vidas cada vez más en el carril rápido.

Un resultado desafortunado de conducir nuestras vidas a una velocidad tan vertiginosa es que tendemos a dejar a Dios atrás. Por supuesto, no lo rechazamos en forma consciente; simplemente no creemos que tenemos tiempo para incluirlo en nuestro itinerario. El difunto Michael Yaconelli escribió un libro inspirador acerca de las tensiones de la fe en el que sugiere: "El cristianismo no se trata de invitar a Jesús a acelerar la vida con nosotros; se trata de ver a Jesús sentado en la parada de descanso".[1]

Por años, me dijeron que uno no le da a Dios lo mejor de sí a menos que le dé el ciento por ciento. A pesar de que la premisa era expresada con sinceridad y parecía espiritual, todo lo que sabía era que en muchos días me quedaría muy por debajo del cien por ciento. Podía despertarme con un nivel de compromiso del cien por ciento, pero después de unas cuantas horas de lidiar fatigosamente con la vida como de costumbre, ese nivel de compromiso caía a un ochenta y dos por ciento o incluso a sesenta y cinco por ciento. Podía ver que algunas circunstancias de la vida me ayudaban en ocasiones, ya que mi porcentaje aumentaba en momentos de celebración como el nacimiento de un hijo o un ascenso en el trabajo, y disminuía en momentos en los que me sentía más frágil, como cuando sufría una enfermedad o fallecía un amigo o un familiar.

Hablando con franqueza, vi esto mientras mi padre luchaba contra cuatro tipos diferentes de cáncer durante diecisiete largos años. Sus problemas de salud redujeron su capacidad para darle lo mejor a Dios. Yo diría que su mejor porcentaje de compromiso con Dios ciertamente fluctuó, sobre todo casi al final de su enfermedad. Permaneció sumamente dedicado a hacer lo mejor para Dios, pero nunca pudo estar a la altura de sus elevadas intenciones; sus mejores esfuerzos fallaron debido a sus rigurosas circunstancias diarias. Sin embargo, Dios no fluctuaba en su amor por mi papá, por lo que recibió amablemente todo lo que podía ofrecerle.

Dios nos ama a todos de esa manera.

Dios está cerca, no lejos

El apóstol Pablo predicó a los griegos atenienses en el Areópago después de señalar un altar con una inscripción que decía: "Al Dios desconocido". En su mensaje, procedió a explicar por qué y cómo el único Dios verdadero no tiene que permanecer desconocido o alejado:

> De un solo hombre hizo todas las naciones para que habitaran toda la tierra; y determinó los períodos de su historia y las fronteras de sus territorios. Esto lo hizo Dios para que todos lo *busquen* y, aunque sea a tientas, lo encuentren. En verdad, él no está lejos de ninguno de nosotros, "puesto que en él vivimos, nos movemos y

existimos". Como algunos de sus propios poetas griegos han dicho: "De él somos descendientes".

Hechos 17:26-28

La idea de andar a tientas en la oscuridad me hace pensar en una época en la que era adulto joven y me quedaba en una casa con un dormitorio que no tenía un interruptor de luz. En vez de eso, tenía una sola bombilla en el medio de la habitación, que solo podía encender halando una cuerda. Debido a que no había un interruptor convenientemente ubicado junto a la puerta, siempre tenía que entrar a la habitación en completa oscuridad y comenzar a agitar las manos en todas direcciones en un esfuerzo por encontrar lo que parecía ser la cuerda invisible que debía halar. Una vez me golpeé la espinilla en una mesa de café que estaba en el medio de la habitación, por lo que grité de dolor mientras saltaba sobre una pierna. (Un video de ese episodio habría sido lo suficientemente divertido para el programa *Los videos caseros más divertidos de Estados Unidos*).

Por desdicha, cuando se trata de nuestra búsqueda de Dios, algunas personas creen que es un requisito previo andar a tientas en la oscuridad y que deben golpearse las espinillas con un sufrimiento inesperado antes de poder encontrarlo. Sienten que si, de alguna manera, pueden moverse hasta encontrar la cuerda invisible que enciende la luz, entonces se les permitirá ver a Dios y toda su gloria. Pero jugar a las escondidas es innecesario con Dios. Él está cerca, nunca está lejos. De hecho, realmente no podemos alejarnos de él porque él se da a conocer en la forma en que vivimos, nos movemos y somos.

Así como Dios interrumpió el juego de los escondidas que hacían Adán y Eva entre los arbustos, quiere hacer lo mismo con nosotros. Él ha abierto el camino a una relación íntima con él al enviar a su Hijo, Jesucristo, para que las personas que lo encuentren puedan comenzar a familiarizarse con el propio Dios. Cuando llegó el momento de que Jesús ascendiera al cielo, Dios envió a su Espíritu para que siempre estuviera presente con aquellos que creen, de modo que estén cercanos a su corazón. Desde ese momento en adelante, Dios ha permanecido con nosotros en todo instante, cumpliendo su promesa de estar con nosotros "siempre, hasta el fin de los tiempos" (Mateo 28:20). Y anota esto con cuidado: Dios ha preparado una última interrupción divina para el futuro, y quiere que estemos preparados para ello:

> El Señor mismo descenderá del cielo con voz de mando, con voz de arcángel y con trompeta de Dios, y los muertos en Cristo resucitarán primero. Luego los que estemos vivos, los que hayamos quedado, seremos arrebatados junto con ellos en las nubes para encontrarnos con el Señor en el aire. Y así estaremos con el Señor para siempre.
>
> 1 Tesalonicenses 4:16-17

Al contemplar el siglo veintiuno, estamos terriblemente conscientes de la incertidumbre que tenemos ante nosotros. Las circunstancias caóticas, ya sean provocadas por el hombre o inducidas naturalmente, surgen y nos desafían cada vez más a "tener cuidado con nuestra *brechactividad*" en nuestra relación con Dios. Nuestra respuesta debe ser correr hacia él y no alejarnos de él. Aquellos que lo conocen lo encontrarán como un amigo más fiel que un hermano (ver Proverbios 18:24). Aquellos que no lo conocen pueden encontrarlo si lo buscan con todo su corazón (ver Jeremías 29:13).

Termina la carrera

Hace poco, leí una historia sobre Lisa (no es su nombre real), una chica que decidió someterse a unas pruebas para que la admitieran en el equipo de atletismo de su escuela secundaria. A diferencia de mi hija Grace, el talento de Lisa no dependía necesariamente de su capacidad física, sino más bien de su amor por la competencia. Debido a su absoluta determinación de representar a su equipo y a la escuela, finalmente fue seleccionada como la corredora principal del equipo de relevos femenino de 4 x 1500 metros. Dado que su escuela ofrecía el único equipo de relevos de 1500 metros en su liga, el equipo fue invitado a participar en las finales seccionales. La mayoría de las personas familiarizadas con el equipo sabían que no tenían ninguna posibilidad de ganar, pero muchos familiares y amigos decidieron hacer el viaje de todos modos para brindar su apoyo. Cuando alguien le preguntó a Lisa por qué el equipo decidió ir a pesar de que no podían competir con los equipos más talentosos, ella sonrió y dijo: "No somos muy rápidos. Siempre soy la última en terminar, así que cuando llego a la recta final, la gente que está en las gradas me anima".[2]

El día de la gran carrera en las finales seccionales el equipo de relevos de Lisa, efectivamente, quedó muy por detrás de todos los demás. Pero cuando Lisa dobló la última esquina de la pista, corriendo con fuerza hacia la línea de meta, su rostro se iluminó con la sonrisa más grande que uno pueda ver. Aunque la mayoría de los otros corredores ya habían abandonado la pista, la multitud se puso de pie de un salto y la animó hasta que cruzó la línea de meta.

En lo particular, puedo relacionarme muy bien con el enfoque de Lisa, sobre todo cuando se trata de mi travesía espiritual. Para cerrar la distancia con Dios, no tienes que adelantarte a nadie más. Ni siquiera es necesario seguir el dicho cultural que dice: "Llegar en segundo lugar es el primero en perder". Para acortar la distancia, todo lo que necesitas hacer es correr la carrera y sonreír mientras te diriges hacia la línea de meta, aunque solo sea porque sabes que tu Padrino y todos los demás en el reino te están animando.

No tienes que correr más rápido ni trabajar más duro que los demás, y no tienes que depender de tu propia fuerza para terminar la carrera. Él está contigo "siempre, hasta el fin del mundo". Es más, incluso en este momento estás más cerca de Dios de lo que crees.

RETO personal

¿Con qué frecuencia permitimos que las expectativas de los demás nos distraigan en cuanto al propósito de acercarnos a nuestro Creador? La combinación de nuestro esfuerzo humano y nuestras abrumadoras probabilidades, junto con nuestra necesidad de terminar primero, puede impedir que —ni siquiera— corramos la carrera.

Innumerables personas se apresuran a través de su existencia diaria sin darse cuenta de que Dios está allí para animarlos en cada vuelta y cada giro. En la oscuridad, juegan a las escondidas con Dios y nunca se dan cuenta de que él está cerca y nunca lejos.

Al llegar al final de este libro, la travesía para acercarte más a Dios apenas está comenzando. Sin embargo, debes tener una sensación de paz permanente al respecto, porque no tienes que terminar primero en esta carrera. Tu Padrino no está gritando desde las gradas del cielo: "¡Vamos! ¡Corre más rápido! ¡Más rápido!". Tampoco quiere que prestes atención a las voces que surgen alrededor tuyo y que siempre te instan: "¡Vamos! ¡Ve más rápido! ¡Sé mejor!

¡Trabaja duro!" (Es posible que estas voces aún no hayan encontrado ellas mismas un lugar de descanso con Dios).

En realidad, puedes correr la carrera con una sonrisa en tu rostro, sabiendo que Dios te animará hasta el final. Tómate el tiempo ahora mismo para evaluarte tú mismo con las siguientes preguntas.

EVALUACIÓN personal

1. ¿Cuál es tu tendencia: invitar a Jesús a que corra rápidamente por la vida contigo o fijarte en Jesús en la parada de descanso?
2. ¿Te han dicho que no le estás dando a Dios lo mejor si no le das el cien por ciento? Si es así, ¿cómo has navegado a través de las circunstancias de la vida, que fluctúan enormemente?
3. ¿Tienes compasión por otros cristianos que luchan a través de los frágiles momentos de la vida? Si es así, ¿cómo lo expresas?
4. Evalúa tu travesía espiritual. ¿Te inclinas por jugar a las escondidas con Dios? ¿Has desarrollado la conciencia de que él está cerca y nunca lejos?
5. Después de leer este libro, ¿cómo te has acercado más a Dios? ¿Has cerrado la distancia entre tu Creador y tú?

ORACIÓN personal

Padre celestial, puede que esté terminando este libro, pero continúo mi trayecto con el objeto de acercarme más a ti. Que las circunstancias de la vida me atraigan hacia ti y no me alejen. Ayúdame a identificar e ignorar las voces a mi alrededor que me abruman con mensajes sobre el esfuerzo humano y la necesidad de terminar primero. Ayúdame a

*correr esta carrera espiritual con una sonrisa en mi ros-
tro, sabiendo que tú estás conmigo para animarme hasta el
final. En el nombre de Jesús, amén.*

RETO colectivo

Las expectativas que nos fijamos nosotros mismos y las que
los demás tienen con nosotros, a veces, pueden distraernos
de nuestro destino en Dios. Si sentimos que estamos com-
prometidos a dar menos del cien por ciento a Dios, podemos llevar una culpa evidente a cada área de la vida. En los
momentos de celebración de la vida, tendemos a disfrutar
del brillo de la luz, pero durante nuestros momentos frágiles, andamos a tientas en la oscuridad.

Por dicha, Dios es un Dios de luz incluso en los días más
oscuros. El salmista proporciona esta extraordinaria revelación acerca de Dios:

> Y, si dijera: "Que me oculten las tinieblas; que la luz se
> haga noche en torno mío", ni las tinieblas serían oscuras
> para ti, y aun la noche sería clara como el día. ¡Lo mismo
> son para ti las tinieblas que la luz!
>
> Salmos 139:11-12

¡Qué gran revelación! Dios se propone que vivamos
en la luz aun cuando esté oscuro. Cuando otros tienden a
jugar a las escondidas en la oscuridad, podemos vivir con
la conciencia de que Dios está cerca, que nunca se aleja.

Al llegar al final de este libro, la jornada de ustedes para
acercarse más a Dios apenas está comenzando. Recuerden
que pueden correr la carrera con una sonrisa en sus rostros, sabiendo que Dios los animará hasta el final. Discutan
entre todos dónde se ven a sí mismos dentro del marco de
este capítulo.

1. Compartan lo que han descubierto sobre ustedes mismos, ya sea que tiendan a invitar a Jesús a que corra rápidamente con ustedes o que se fijen en Jesús en la parada de descanso.

2. Cuenten si alguna vez les han dicho —o no— que no le están dando lo mejor que pueden a Dios si no le dan el cien por ciento. Si es así, ¿cómo han aprendido a navegar a través de las circunstancias de la vida, que fluctúan enormemente?

3. ¿Tienen compasión por otros cristianos que luchan a través de los frágiles momentos de la vida? Si es así, compartan con el grupo cómo lo expresan.

4. Compartan con el grupo lo que han descubierto sobre su travesía espiritual, ya sea que se inclinen a jugar a las escondidas con Dios o que, al contrario, hayan desarrollado la conciencia de que él está cerca y nunca lejos.

5. Analicen Salmos 139:11-12 y el concepto de que Dios es un Dios de luz incluso en un día oscuro.

6. Discutan las implicaciones de la idea de que acercarse a Dios es, en realidad, una vía de doble sentido: la interrupción inicial le corresponde a él mientras que la respuesta duradera nos pertenece a nosotros.

7. Compartan con el grupo el modo en que se han acercado más a Dios y cómo han cerrado la distancia entre su Creador y ustedes después de leer este libro.

Notas

Capítulo 2 Encuentra al Padrino

1. Ben Sherlock, "10 Most Memorable Quotes from The Godfather Trilogy", Screenrant, 3 abril 2019, www,screenrant.com.

2. NOAA National Weather Service, "Remembering Joplin Tornado", 22 mayo 2012, www.weather.gov.

3. C. S. Lewis, *El problema del dolor* (1944; repr., HarperOne, 2001), cap. 6, Kindle.

4. "Lo que sea, será".

5. "Hurricane Katrina", History, 9 agosto 2019, www.history.com.

6. Sherlock, "10 Most Memorable Quotes from The Godfather Trilogy".

7. Lewis, *El problema del dolor*, cap. 6.

Capítulo 3. Sigue a la verdadera Estrella del rock

1. Kenneth Partridge, "The 50 Greatest Festivals of All Time", *Billboard*, 17 julio 2017, www.billboard.com.

2. Alexis Petridis, "Beyoncé at Glastonbury 2011—Review", *The Guardian*, 26 junio 2011, www.theguardian.com.

3. Melvyn Ming, Martha Ming, and Steven R. Mills, *LDR Church Development Resource*, vol. 1 (Leadership Development Resources, 2010).

4. Henry T. Blackaby y Claude V. King, *Experiencia con Dios: Cómo conocer y hacer la voluntad de Dios* (Broadman & Holman Publishers, 2009), 2.

5. "Pavarotti in Berlin (5): 165 (!!!) Curtain Calls at Deutsche Oper", Odd Pavarotti Blog, 19 agosto 2012, https://oddpavarottiblog. wordpress.com.

6. P. Douglas Small, *The New Apostolic Epoch* (Alive Publications, 2019), 221.

Capítulo 4 Descarga el app Dios

1. Steven Winkelman, "Appy Birthday: A Brief History of the App Store's First 10 Years", Digital Trends, www.digitaltrends.com.

2. Ian Blair, "Mobile App Download and Usage Statistics", BuildFire, 11 diciembre 2020, https://buildfire.com.

3. Anthony Evans, *Our God Is Awesome* (Moody Press, 1994), 22.

Capítulo 5 Cuidado con la brechactividad

1. Josh Linkner, "Why You Must Always 'Mind the Gap' in Your Personal and Professional Life", Inc., 9 febrero 2016, www.inc.com.

2. P. Douglas Small, "The Coronavirus—A Window for Change: Seven Things We Must Consider" (white paper), (Project Pray, 2020).

3. John Ortberg, citado en Alan Fadling, *An Unhurried Life: Following Jesus' Rhythms of Work and Rest* (InterVarsity Press, 2020).

4. Shelja Sen, "Babies Need Attuned Mothers to Form Trusting Bond, Not 'Experts'," *IndianExpress*, 4 mayo 2019, https://indianexpress.com.

5. Francis Frangipane, *Santidad, verdad y la presencia de Dios* (Casa Creación, 2015), 63.

6. P. Douglas Small, "Seven Elements of a Solemn Assembly" (white paper), (Project Pray, 2013), 10.

7. Linkner, "Why You Must Always 'Mind the Gap.'"

Capítulo 6 Escucha lo que se dice desde el cielo

1. Ver Mateo 11:15; 13:9, 43; Marcos 4:9, 23; 7:16; Lucas 8:8; 14:35.

Capítulo 7 Enrólate como socorrista

1. Luigi Cavanna, contado a Francesca Berardi, "Heroes of the Front Lines: The Country Won't Work without Them. 12 Stories of People Putting Their Lives on the Line to Help Others during Coronavirus", *Time*, 9 abril 2020, https://time.com.

2. Dennis Canale, contado a Paul Moakley, "Heroes of the Front Lines: The Country Won't Work without Them. 12 Stories of People Putting Their Lives on the Line to Help Others during Coronavirus", *Time*, 9 abril 2020, https://time.com.

3. Evans, *Our God Is Awesome*, 315.

4. Ruth Haley Barton, *Strengthening the Soul of Your Leadership*, 2nd ed. (InterVarsity Press, 2018), 79.

5. Ralph Waldo Emerson, "Self Reliance" (1841), segundo párrafo.

6. Mark Batterson, *Tu destino divino: Descubre la identidad de tu alma* (Editorial Nivel Uno, 2019), 13.

7. Rick Warren, *Vida con Propósito* (Zondervan, 2012), 242.

8. Os Guinness, *El llamamiento* (Word, 2017), 30.

9. Frederick Buechner, *The Alphabet of Grace* (HarperOne, 1989).

Capítulo 8 Reproducción más que producción

1. Small, "The New Apostolic Epoch", 251.

2. Small, "The New Apostolic Epoch", 251.

3. George G. Hunter III, "The Church in Post Christian Culture", Discernment, 2005, 10 (1, 2), 2.

4. Jay Hemmings, "Remember the Alamo! The Truths and Myths Surrounding the Battle", War History Online, 13 abril 2109, https://www.warhistory online.com.

5. Hemmings, "Remember the Alamo!"

6. Ed Stetzer, "3 Shifts to Increase Outreach", Outreach, 14 abril 2020, https://outreachmagazine.com.

7. Philip Yancey y Dr. Paul Brand, *A imagen de Dios* (Zondervan, 2004), 401.

8. Yancey y Brand, *A imagen de Dios*, 401.

9. Yancey y Brand, *A imagen de Dios*, 400.

10. Yancey y Brand, *A imagen de Dios*, 435.

11. Yancey y Brand, *A imagen de Dios*, 437.

12. Earl Creps, Off-Road Disciplines: Spiritual Adventures of Missional Leaders (Jossey-Bass, 2006), 117.

13. P. Douglas Small, The Corona Virus—Is It a Message from God? (Alive Publications, 2020), 9.

14. Nik Ripken, *La locura de Dios: Una historia verídica de fe resucitada* (B&H Publishing Group, 2016), 302.

15. Ripken, *La locura de Dios*, 310.

16. Ripken, *La locura de Dios*, 311.

17. Stetzer, "3 Shifts to Increase Outreach."

18. Creps, Off-Road Disciplines, 117.

Capítulo 9 Refleja tu Jesús interior

1. Benjamin Fearnow, "Elizabeth Warren Celebrates Taking 100,000 'Selfies' with Supporters during 2020 Campaign", Newsweek, 5 enero 2020, www.newsweek.com.

2. C. T. Studd, "Solo una vida, pronto pasará".

Capítulo 10 Anímate hasta el final

1. Mike Yaconelli, Espiritualidad Desordenada (Zondervan, 2008).

2. Mike Yaconelli, Espiritualidad Desordenada (Zondervan, 2008).

Acerca del autor

El doctor Wayman Ming se desempeña actualmente como obispo presidente de Pentecostal Church of God, cuyas congregaciones y miembros abarcan casi setenta naciones. También es fundador y presidente de Exceed International, una organización de entrenamiento de liderazgo para la iglesia. Obtuvo su doctorado en ministerio en el Seminario Teológico de las Asambleas de Dios y vive en Texas (Dallas-Fort Worth).

Como seguidor de Cristo, el Dr. Wayman Ming ha viajado por más de 45 naciones, intentando inspirar una reforma espiritual para el avance del reino. Con una súplica apasionada por "Una misión, un movimiento", el Dr. Ming cree que mantener la misión global de la iglesia sigue siendo un mandato bíblico para el cuerpo de Cristo. También cree que la reforma personal es posible para aquellos que buscan a Dios deliberadamente, lo cual es el tema de su libro *Re-Forming a New You: A Guide for Re-Forming Your Heart, Home and Hope*, publicado en 2011.

Wayman disfruta beber una taza caliente de café francés saborizado con vainilla cada mañana y pasar tiempo con su esposa, Kimberly, sus tres hijos y su nieto. Sus dos hijos, Spencer y Garrett, están casados. Sirven en el Centro Internacional de Misiones de Pentecostal Church of God. Su hija, Grace, planea ir a la universidad. Para obtener más información sobre el Dr. Ming, visita sus sitios web:

waymanming.com
exceedinternational.com.

O visítalo en las redes sociales:

Instagram (@waymanming),
Twitter (@waymanming)
Facebook (@waymanmingjr).

Si Dios lo hiciera a su manera, ¿cómo serían nuestras iglesias?

Cuando Jesús regrese, ¿nos encontrará cuidando de su Novia más que de nuestras propias vidas? *Cartas a la Iglesia* nos recuerda lo poderosa y gloriosa que fue la Iglesia una vez... y nos desafía a volver a ser esa Iglesia, la que Dios ideó.

Para vivir la Palabra
www.casacreacion.com

LIBROS DE
JOHN
BEVERE

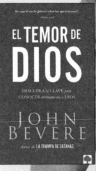

EL TEMOR DE DIOS

DESCUBRA la CLAVE para CONOCER íntimamente a DIOS

JOHN BEVERE
Autor de LA TRAMPA DE SATANÁS

LA TRAMPA DE SATANÁS

Viva LIBRE de la MORTAL ARTIMAÑA de la OFENSA

JOHN BEVERE
Autor de ¿ASÍ DICE EL SEÑOR?

¿ASÍ DICE EL SEÑOR?

CÓMO DISCERNIR cuando DIOS no habla A TRAVÉS de una PERSONA

JOHN BEVERE
Autor de LA TRAMPA DE SATANÁS

JOHN BEVERE

ACÉRCATE A ÉL

UNA VIDA de INTIMIDAD con DIOS

Guiados por la eternidad

Entienda que su vida cuenta desde hoy y para siempre

JOHN BEVERE
Autor del éxito de ventas La trampa de Satanás

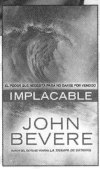

EL PODER QUE NECESITA PARA NO DARSE POR VENCIDO

IMPLACABLE

JOHN BEVERE
AUTOR DEL ÉXITO DE VENTAS LA TRAMPA DE SATANÁS

JOHN BEVERE

LA PROMESA DE PROTECCIÓN BAJO SU COBERTURA Y AUTORIDAD

BAJO EL ABRIGO

JOHN BEVERE
Autor del libro de mayor venta La trampa de Satanás

PROHIBIDO EL PASO AL ENEMIGO

CIÉRRELE LA PUERTA A SATANÁS CON UNA SIMPLE DECISIÓN

QUEBRANDO la intimidación

Cómo vencer el temor y liberar los dones de Dios en tu vida

JOHN BEVERE

CASA CREACIÓN

N1 Editorial Nivel Uno

Para vivir la Palabra

www.casacreacion.com

Te invitamos a que visites nuestra página web, donde podrás apreciar la pasión por la publicación de libros y Biblias:

www.casacreacion.com

Para vivir la Palabra